KB073328

허 블
—우주의 심연을 관측하다—

이에 마사노리 지음 | 김효진 옮김

AK

일러두기

1. 이 책은 국립국어원 외래어 표기법에 따라 일본어를 표기하였다.

2. 본문 중 주석은 편집자 주를 제외하고 모두 저자의 주석이다.

3. 서적 제목은 겹낫표(『』)로 표시하였으며, 그 외 인용, 강조, 생각 등은 따옴표를 사용하였다.
   *서적 제목
   예)『은하의 세계』, 『허블 은하도감』

머리말

1990년 4월 24일 오전 8시 33분.

우주왕복선 '디스커버리호'는 플로리다반도의 케네디 우주센터에서 전 세계 수많은 팬들이 지켜보는 가운데 새하얀 연기와 굉음 그리고 주변 습지대에서 깜짝 놀라 날아오른 무수한 들새들을 뒤로하고 힘차게 하늘로 솟구쳤다.

디스커버리호에는 천문학자들의 기대를 한 몸에 안은 '허블 우주망원경'이 실려 있었다. 망원경이 대기권 밖으로 나가면 지상에서는 불가능했던 관측이 가능할 것이라는 기대가 있었다.

하지만 발사 성공의 기쁨도 잠시, 허블 우주망원경은 참담한 실패라는 평을 들을 만큼 절망적인 상황을 맞았다. 역경을 이겨내고 미국 항공우주국NASA 최대의 성공이라는 평가를 받기까지의 과정은 그야말로 그 이름의 유래가 된 천문학자 에드윈 허블의 파란만장한 인생을 떠올리게 한다.

에드윈 파월 허블(1889~1953년)은 인류의 우주관을 바꿔놓은 20세기 최고의 천문학자이다. 안드로메다대성운까지의 거리를 측정해 우리가 사는 '은하계'가 무수히 많은 은하 중 하나에 불과하다는 것을 밝혀냈으며 은하의 분류법을 확립하고 '우주가 팽창한다'는 것을 발견했다. 천문학이 당시 노벨상의 대상이었다면, 틀림없이 상을 받았을 것이다.

16세의 어린 나이에 시카고대학에 입학한 잘생기고 다부진 성격의 허블은 학업뿐 아니라 육상, 농구, 권투 등에도 뛰어난 재능을 보였으며 장학금을 받고 영국에 유학하며 다소 독특한 자기 세계를 확립했다.

천문학자로서의 빛나는 업적, 경쟁자와의 반목, 한 편의 추리소설과 같은 결혼 과정, 할리우드 사교계에서의 교우, 두 번의 세계대전 참가, 실의에 찬 만년……. 그야말로 영광과 좌절로 점철된 인생이었다.

이 책에서는 그런 드라마가 가득한 허블의 인생부터 현대로 이어지는 관측적 우주론의 전개에 이르기까지 같은 분야의 후배 천문학자인 저자의 체험을 곁들여 이야기하고자 한다.

주요 등장인물

에드윈 파월 허블 Edwin Powell Hubble 1889~1953년

월슨 산 천문대에서 근무했던 20세기 최고의 천문학자. 안드로메다대성운까지의 거리를 측정해 무수히 많은 은하가 존재한다는 사실을 밝혀내고 은하의 분류법을 확립했다. 또한 '팽창하는 우주'를 발견했다. 만능 스포츠맨에 용모도 뛰어났지만 괴팍한 성미 탓에 적도 많았다.

> **아내**

그레이스 리브 Grace Burke Lieb(그레이스 허블) 1889~1981년

명문가 출신. 자산가의 아들이었던 남편이 의문의 사고로 죽은 지 3년 후 허블과 결혼. 평생 금실 좋은 부부였다.

> **조수**

밀턴 휴메이슨 Milton La Salle Humason 1881~1972년

월슨 산 천문대 관리인에서 관측 조수로 발탁되어 '허블의 법칙' 발견에 크게 공헌한다. 별명은 '사자 사냥꾼'

> **상관 1**

조지 엘러리 헤일 George Ellery Hale 1868~1938년

월슨 산 천문대장. '망원경 계획'을 기획한 인물. 유력한 후원자의 도움을 받아 여키스 천문대, 월슨 산 천문대, 팔로마 천문대를 건설하는 등 잇따라 거대 망원경 계획을 실현했다.

상관 2
월터 시드니 애덤스 Walter Sydney Adams 1876~1956년

헤일의 후임으로, 윌슨 산 천문대장이 된다. 고지식한 성격으로, 제멋대로 행동하는 허블 때문에 종종 애를 먹는다.

선배
할로 섀플리 Harlow Shapley 1885~1972년

윌슨 산 천문대에서 근무할 당시 허블의 선배 천문학자. 후에 하버드대학 천문대장이 된다. 허블에 의해 섀플리가 주장하던 우주 모형은 부정당하게 된다.

대립했던 선배
애드리언 반 마넨 Adriaan van Maanen 1884~1946년

윌슨 산 천문대의 천문학자로, 섀플리의 친구. 나선형 성운의 회전을 측정했다고 발표했지만 훗날 부정된다. 허블과 깊은 불화를 겪는다.

경쟁상대
크누트 룬드마크 Knut Lundmark 1889~1958년

스웨덴의 천문학자. 허블과 거의 동시기에 성운의 분류법을 발표해 허블의 거센 공격을 받으며 큰 논쟁을 벌인다.

대부호이자 괴짜 천문학자
퍼시벌 로웰 Percival Lowell 1855~1916년

보스턴의 대부호로, 인생의 방향을 크게 바꾼다. 사설 천문대를 세우고 화성의 '운하' 관측에 몰두했다. '행성 X(훗날 명왕성)'의 존재를 예언.

베스토 멜빈 슬라이퍼 Vesto Melvin Slipher 1875~1969년

국제천문연맹의 성운부 회장, 후에 로웰 천문대장을 맡는다. 우주의 팽창을 시사하는 허블의 선행연구를 한다.

천재 물리학자

알베르트 아인슈타인 Albert Einstein 1879~1955년

일반상대성이론으로 알려진 20세기 최고의 물리학자. 나치 정권이 들어서면서 미국으로 망명, 윌슨 산 천문대에도 방문한다.

과학계의 권위자

아서 에딩턴 Arthur Stanley Eddington 1882~1944년

영국의 천문학자. 아인슈타인의 일반상대성이론의 중요성을 널리 알리고, 일식 관측대를 이끌어 검증했다.

이론천문학자

빌렘 드 지터 Willem de Sitter 1872~1934년

네덜란드의 천문학자. '영원히 팽창하는 우주 모델'을 발표. 허블과 교류했다.

신부이자 천문학자

조르주 르메트르 Georges Lemaître 1894~1966년

벨기에의 신부. 허블보다 먼저 우주 팽창의 법칙을 발표했지만, 영향력이 크지 않은 잡지였던 탓에 주목받지 못했다.

에드윈 프로스트Edwin Brant Frost 1866~1935년

시카고대학의 여키스 천문대장. 허블의 학위논문을 지도. 다방면으로 허블을 지원했다.

헨리에타 스완 리비트Henrietta Swan Leavitt 1868~1921년

하버드대학 천문대에서 항성 분류 작업을 하던 중, 세페이드형 변광성의 주기광도 관계를 발견. 여성 천문학자의 선구적인 존재.

히버 커티스Heber Curtis 1872~1942년

리크 천문대의 천문학자. 태평양 천문학회장을 지냈으며, 섀플리와 유명한 대논쟁을 벌였다.

알렉산드르 프리드만Alexander Friedmann 1888~1925년

러시아의 수학자. 일반상대성이론을 바탕으로 우주 모델의 일반해를 구했다.

월터 바데Walter Baade 1893~1960년

독일의 천문학자. 윌슨 산 천문대에서 연구하며 전쟁 중에 항성의 종족을 발견했다.

프리츠 츠비키Fritz Zwicky 1898~1974년

스위스 출신의 천문학자. 은하단 연구를 통해 암흑물질의 존재를 지적. 괴짜 취급을 당한다.

조지 가모프George Gamow 1904~1968년

러시아의 물리학자. 허블의 팽창 우주에 큰 영향을 받아 빅뱅 우주 모델을 제창. 공상과학소설 작가로도 유명.

프레드 호일Fred Hoyle 1915~2001년

영국의 천문학자. 정상 우주론의 주도자. BBC 라디오 방송에서 가모프의 팽창 우주론을 '빅뱅이론'이라고 조롱했다.

허블 관련 지도

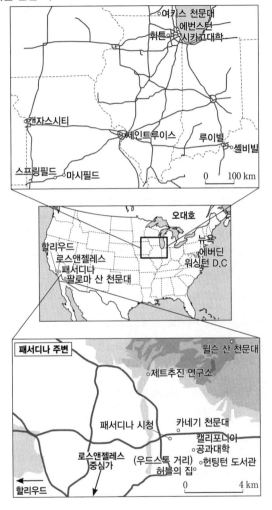

여키스 천문대
에번스턴
휘튼 시카고대학

캔자스시티
세인트루이스 루이빌 셸비빌
스프링필드 마시필드

0 ___ 100 km

오대호
뉴욕
할리우드 에버딘
로스앤젤레스 워싱턴 D.C
패서디나
팔로마 산 천문대

패서디나 주변

윌슨 산 천문대
제트추진 연구소

패서디나 시청 카네기 천문대
캘리포니아
공과대학
로스앤젤레스 (우드스톡 거리) 헌팅턴 도서관
중심가 허블의 집

할리우드

0 ___ 4 km

목차

제1부
성장과정과 청년기

허블 가문

에드윈 허블의 8~9세대 전 선조인 리처드 허볼Hubball은 영국의 군인이었다. 1640년대 청교도 혁명으로 국왕 찰스 1세가 처형되자 리처드는 고국을 버리고 신대륙으로 떠났다. 미국 동해안에 정착한 그는 사업에 성공해 자산가가 되고 그 자손들은 점차 서쪽으로 퍼져나갔다. 5세대 전 선조인 조엘은 버지니아 주에서 면화 농장을 경영하며 수많은 노예를 거느렸다. 이 시대에 성이 허블Hubble이 되었다(표 1-1).

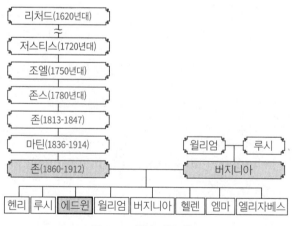

표 1-1 허블 가문 계보

조엘의 증손자이자 에드윈의 조부인 마틴 허블은 당시 16세의 메리 제인 파월을 보고 첫눈에 반해 결혼하고 에드윈의 아버지인 존 파월 허블을 낳는다. 남북전쟁 당시 북군으로 참전한 마틴은 고향에서 '허블 대위'라고 불리며 존경을 받았다.

이윽고 허블 가문은 일리노이 주의 수도 스프링필드(지도 참조) 외곽에 정착해 목장과 농산물 회사를 하다 나중에는 보험회사를 경영하게 되었다.

에드윈 부모의 첫 만남도 드라마틱했다고 전해진다. 존이 목장에서 낙마해 크게 다치자 의사 윌리엄 제임스는 그의 딸 버지니아(제니)를 조수로 데려와 그를 치료했다. 존

사진 1-2 아버지 존과 어머니 버지니아

사진 1-3 외조부모 윌리엄 제임스와 루시 제임스 그리고 손자들. 어린 시절의 에드윈(앞줄 오른쪽에서 세 번째) 상의 소매가 짧은 것이 눈에 띈다. 형 헨리(바로 뒤 왼쪽), 누나 루시(외조모 루시의 오른쪽 뒤)

의 눈에는 그런 제니가 천사처럼 아름답게 보였을 것이다 (사진 1-2). 두 사람은 1884년에 결혼해 장남 헨리와 장녀 루시를 낳았다.

에드윈 파월 허블은 1889년 11월 20일 미주리 주 마시필드에서 존과 버지니아의 셋째 아들로 태어났다. 에드윈이라는 이름은 어머니 제니의 남동생 이름에서 따왔다. 그 후, 허블 가문에는 윌리엄(빌), 버지니아, 헬렌, 엠마, 엘리자베스가 태어났다. 모두 여덟 명의 형제자매가 있는 대가족이었다. 일가는 캔자스시티와 세인트루이스로 이사를 했다 1895년 마시필드로 돌아왔다. 에드윈은 마시필드의 초등학교에 입학했다(사진 1-3).

에드윈의 아버지 존은 조부인 마틴이 경영하던 보험회사에서 일했다. 존은 곡물과 가축 거래의 새로운 중심지로 떠오르던 시카고로 부임했다. 사업이 잘 돼 4개 주의 책임자를 맡게 된 존의 장기 출장이 잦아지자 일가는 1899년 11월 시카고 외곽의 에번스턴으로 이사했다.

위엄 있는 아버지와 자상한 어머니

1901년 9월, 이번에는 시카고 교외의 휘튼으로 이사했다. 당시 휘튼은 택지개발계획으로 도로, 전기, 수도가 정비되고 시카고까지 기차로 45분이면 통근할 수 있는 신도시로 발전하기 시작한 지역이었다. 가족들 사이에서는 '에번스턴이 시카고와 더 가까운데 굳이 휘튼으로 이사한 것은, 아버지의 취미인 골프장이 가까워서'라는 이야기가 오갔다고 한다.

에드윈은 휘튼에 있는 중학교에 입학했다. 11월에 막 12세가 되었지만, 키가 크고 읽고 쓰기를 잘해서 8학년(중학교 2학년)에 편입해 두세 살 많은 아이들과 함께 공부하게 되었다. 1905년 허블 가는 다시 휘튼의 이층 주택으로 이사했다. 허블 가는 여러 번 이사를 다녔는데 하나같이 1층에는 커다란 현관, 응접실, 도서실, 식당이 있는 집이었다. 휘튼의 이층 주택은 침실이 8개나 있는 대저택이었다. 집 주위에는 아이들이 뛰어놀 수 있는 넓은 정원이 있고 화단에는 그의 어머니가 정성껏 가꾼 각양각색의 꽃들이 만발했다.

존은 위엄 있는 아버지였다. 출장 때문에 자주 집을 비웠지만, 아버지가 일을 마치고 돌아오면 저녁식사 종이 울리고 6시 반에는 가족 전원이 식탁에 앉는 것이 규칙이었다. 독실한 기독교 신자였던 존은 음주를 죄악시했다. 훗날 에드윈이 영국으로 유학을 갈 때도 '술은 절대 마시지 않겠다'는 다짐을 받았을 정도이다. 아이들은 어머니 제니와는 스스럼없이 이야기를 나누었지만 아버지 존은 쉽게 다가가기 힘든 집안의 절대적인 존재였던 듯하다.

허블 가에는 요리사나 가정부 등의 고용인도 몇 있었

다. 하지만 아이들은 스스로 침대를 정리하고 방청소를 하는 것이 규칙이었다. 에드윈의 첫 아르바이트는 신문배달이었다. 여름방학에는 아버지의 방침에 따라 얼음 배달이나 잔디 깎기 등의 아르바이트도 했다.

일요일에는 반드시 교회에 나가야 했지만 그 후에는 자유롭게 보낼 수 있었기 때문에 저녁이면 가족 콘서트를 열기도 했다. 아버지 존은 바이올린, 음악에 재능이 있었던 장녀 루시는 피아노, 남동생 윌리엄은 만돌린, 에드윈은 교회에서 합창을 하고 있었기 때문에 노래를 맡았다. 막내 엘리자베스의 최초의 기억은, 에드윈의 목말을 타고 서커스를 보러 갔던 일이었다고 한다.

그렇게 화목한 가족이었지만 안타까운 사건도 있었다. 에드윈이 여섯 살, 여동생 버지니아가 아직 두 살 때였다. 어느 날, 어린 버지니아가 에드윈과 윌리엄이 만든 장난감 요새와 다리를 망가뜨리고 말았다. 화가 난 두 아이는 버지니아의 손가락을 발로 밟았다. 둘은 이 일로 호되게 야단을 맞았다. 그런데 불행하게도 바로 몇 주 뒤 버지니아가 병에 걸려 세상을 떠나고 말았다.

에드윈과 윌리엄은 여동생의 죽음이 자기들 탓이라고

생각했으며 특히, 에드윈은 깊은 상처를 받았다. 어머니는 여동생을 잃은 에드윈의 마음의 상처를 따뜻하게 보듬어주었다. 그 후, 새 여동생들이 태어나면서 에드윈의 상처도 조금씩 아물었다. 자상하고 유머가 넘치는 어머니는 가정 내의 모든 말썽을 원만하게 해결했다. 여동생 엘리자베스의 말에 따르면, 에드윈은 그런 어머니의 기품과 우아한 몸가짐을 그대로 물려받았다고 한다.

별하늘과의 만남

에드윈은 형, 누나와 같이 놀면서 일찌감치 읽고 쓰기를 배웠다. 독서를 무척 좋아했으며 특히, 모험소설에 푹 빠져 있었다. 좋아하던 책은 『이상한 나라의 앨리스』, 『정글북』, 『해저 이만 리』로 유명한 쥘 베른의 다양한 공상소설과 『솔로몬 왕의 보물』, 『허클베리 핀의 모험』 등이었다고 한다.

한편, 에드윈이 천문학에 관심을 갖게 된 것은 의사였던 외할아버지 윌리엄 제임스의 영향이 컸다고 한다. 외할아버지는 서부 개척시대의 은행 강도로 '미주리 주의 무법자'라는 별칭이 붙었던 제시 제임스의 먼 친척으로, 조금 괴짜 같은 면이 있었다.

1897년 가을, 외할아버지는 에드윈의 여덟 번째 생일을 맞아 직접 만든 망원경을 선물했다. 에드윈은 무척 흥분했다. '밤하늘을 실컷 볼 수 있도록 생일파티 대신 늦게 잘 수 있게 허락해달라'며 아버지를 졸랐을 정도였다.

물론, 에드윈의 바람은 이루어졌다. 외할아버지는 에드윈을 데리고 동구 밖 언덕에 올라 밤하늘 가득 펼쳐진 별들과 은하수를 보여주었다. 외할아버지는 '별들은 멀리 있는 태양이다'라고 이야기했다고 한다. 그때의 경험이 어쩌면 천문학자 에드윈 허블의 원점이 아니었을까. 그로부터 2년 후인 1899년 6월 23일 에드윈은 친구 샘과 함께 달이 지구의 그림자에 가려 어둡게 보이는 개기월식을 밤새 관측했다.

휘튼중학교에서는 독서와 수학을 잘했고, 성적은 동급생 중에서도 상위권이었다. '에드윈 허블은 장래에 큰 인물이 될 것'이라고 내다본 과학 선생님 해리엇 레버는 훗날 지역의 유명인사가 되었다. 참고로, 레버 선생님의 아들 그로트 레버는 후에 휘튼의 자택 근처에서 세계 최초

의 전파망원경을 만들어 은하와 태양을 관측한 것으로 유
명하다.

휘튼중학교의 교장이자 과학을 가르쳤던 러셀은 에드
윈을 비롯한 학생들을 휘튼대학에 데려가 망원경으로 밤
하늘을 보여주었다고 한다. 분명 이때의 경험도 에드윈이
천문학에 대한 꿈을 키우는 데 큰 영향을 미쳤을 것이다.

에드윈이 열두 살 때, 친할아버지인 마틴에게 화성에
대한 편지를 쓴 적이 있었다. 손자의 편지 내용이 워낙 재
미있어서 스프링필드의 신문사에 투고했는데, 그 내용이
신문에까지 실렸다고 한다. 나도 이 책을 쓰면서 당시의
기사를 찾아보았지만, 아쉽게도 찾지 못했다.

슈퍼 고교생

대부분의 소년들처럼, 에드윈은 스포츠에 열중했다. 휘
튼고등학교 고학년 무렵에는 신장 190센티미터, 체중 84
킬로그램의 건장한 체격으로, 오타와고교와의 농구시합
에서 슛을 다섯 개나 넣으며 팀을 승리로 이끌었다. 지역
신문에서는 영웅처럼 소개하기도 했다. 엘진고교와의 학

교대항 운동회에서도 큰 활약을 했는데 높이뛰기, 장대높이뛰기, 제자리멀리뛰기, 포환던지기, 원반던지기, 해머던지기에서 각각 우승하고 1마일(약 1.6킬로미터) 릴레이에서도 두 번째 주자로 뛰어 팀의 우승을 이끌었다. 무려 7개 종목에서 1위를 한 것이다! 이 운동회에서는 멀리뛰기에서 5미터 59센티미터의 기록으로 3위에 그친 것이 가장 아쉬웠다고 한다.

또한 대학 진학 후인 1906년 6월에는 높이뛰기에서 1미터 74센티미터의 일리노이 주 신기록을 세우면서 신문에 실리기도 했다. 헌팅턴 도서관에 남아 있는 그의 경기 사진을 보면, 배면뛰기가 없던 시대에 가위뛰기로 이런 기록을 냈다는 것이 놀라웠다. 여학생들 사이에서도 분명 인기가 많았을 것이다. 하지만 당시 에드윈은 이성에 크게 관심을 보이지 않았던 것 같다.

1906년 고등학교를 졸업한 에드윈의 최종 학년 성적은 평균 94.5점으로 매우 높았지만, 종일 공부만 하는 학생은 아니었다.

다른 전기에서도 인용되는 졸업식에서의 일화가 있다. 졸업식에서 교장은 '에드윈 허블 군. 4년 동안 자네를 지

켜보았지만 10분 이상 공부하는 것을 본 적이 없네'라고
말했다. 모두 어리둥절한 가운데 교장은 잠시 뜸을 들였
다가 빙긋 웃으며 이렇게 말했다고 한다. '자, 여기 시카고
대학의 장학금 추천서일세.'

대학 생활

1906년 6월, 에드윈은 16세에 시카고대학에 입학했다.
미국 대학에는 '사교클럽fraternity'이라고 부르는 다양한 학
생 자치조직이 있는데 에드윈은 대학의 주목받는 운동선
수나 상류층 출신의 학생들에게 인기가 있었던 '카파 시그
마'라는 남학생 그룹에 들어가 기숙사 생활을 시작했다.
변호사가 되기를 바랐던 아버지와의 약속을 지키기 위해
대학에서는 법학을 전공하기로 했다.

그 무렵 시카고대학에는 광 간섭계를 만든 알버트 마이
컬슨, 전자를 연구한 로버트 밀리컨 등의 저명한 실험 물
리학자가 있었다. 입학한 이듬해 빛의 속도를 측정한 마
이컬슨 교수가 미국인 최초로 노벨상을 수상하자 대학은
축제 분위기에 휩싸였다. 에드윈도 자극을 받았는지 점차

과학에 흥미를 갖게 되었다.

그 해 가을, 시카고대학 미식축구부의 유명한 코치가 에드윈의 소질을 알아보고 그를 연습경기에 불렀다. 이를 두고 지역 신문에서 '새로운 유망주 등장!'이라는 기사를 썼는데 우연히 이 기사를 본 아버지 존은 '너무 위험하다'며 미식축구부에 들어가는 것을 허락하지 않았다.

하지만 에드윈도 쉽게 포기하지 않았다. 스포츠 부상에 관한 통계를 조사해 '미식축구가 아버지가 좋아하는 야구보다 더 안전하다'며 아버지를 설득하려고 했다. 하지만 그 이야기를 들은 아버지는 이번에는 야구까지 금지해버렸다.

당시의 에드윈에게 아버지의 말은 절대적이었다. 아버지의 반대로 운동선수의 꿈을 접을 수밖에 없었던 에드윈은 권투로 전향하기로 했다. 무슨 이유에선지 아버지가 권투만은 반대하지 않았기 때문이다. 에드윈은 권투를 할 때도 당시 유럽 챔피언과 스파링을 하는 등 아마추어 헤비급에서 재능을 발휘했다. 코치도 프로선수로 키우고 싶어 했을 정도였다.

키가 큰 에드윈은 농구경기에도 강력한 센터·가드 선

수로 출전했다. 당시 대학신문에 승승장구하는 시카고대
학 농구팀의 활약상이 소개되기도 했다.

단 한 번의 연애

　학업과 운동 모두 뛰어나고 인기도 많았지만 연애에 관
한 특별한 이야기는 없었다. 여동생 헬렌의 말에 따르면,
그런 그도 결혼 전 '단 한 번 연애'를 한 적이 있었다고 한
다. 상대는 엘리자베스라는 매력적인 여성이었는데, 안타
깝게도 그들의 사랑은 이루어지지 못했다. 어느 날, 엘리
자베스가 '화성이며 성운에 열중하는 당신의 마음속에 내
가 들어갈 자리는 없는 것 같다'며 이별을 고했던 것이다.
법률을 전공했지만, 어릴 적 가슴에 품은 천문학에 대한
동경을 잊지 못하고 있었던 것이다.

　연애담은 아니지만, 대학시절 이런 무용담도 있었다.
에드윈은 여름방학 아르바이트로, 아버지가 소개해준 오
대호 지역의 숲을 관통하는 철도 노선을 선정하는 측량팀
에 들어갔다.

　마을과 한참 떨어진 황야에서 일하며 곰을 만나기도 하

고 벼락 맞아 쓰러진 나무에 깔릴 뻔한 일도 있었다. 그야
말로 모험과 같은 체험이었다. 가장 위험했던 것은, 숲속
에서 2인조 강도를 만난 일이었다. 에드윈이 어깨를 찔린
와중에도 강도 한 명을 때려눕히자 금세 달아나버렸다.
우여곡절 끝에 측량 작업을 마치고 돌아가는 열차를 타기
위해 역에 도착한 그는 다음 열차가 며칠 후에나 온다는
이야기를 들었다. 에드윈과 다른 동료 한 명은 열차를 기
다리지 않고 사흘 동안 숲을 걸어서 통과해 집으로 돌아
왔다고 한다.

에드윈이 이야기했다고 하는 이때의 무용담에 다소 과
장도 있을지 모르지만 누나 루시의 말에 따르면, 당시 원
정근무에서 돌아온 에드윈은 이전의 앳된 모습이 사라지
고 믿음직한 청년이 되어 있었다고 한다.

로즈 장학금 획득!

물론, 에드윈이 스포츠나 아르바이트에만 열중했던 것
은 아니다. 2학년을 마치면, 당시 관례에 따라 2년간 조교
자격이 주어진다. 훗날 전자의 기본 전하량을 측정한 연

구로 노벨상을 수상한 로버트 밀리컨의 실험 조교를 맡은 것도 이 무렵이었다.

이때부터 에드윈은 '로즈 장학생'을 꿈꾸기 시작한 듯하다. 로즈 장학금은 미국의 다이아몬드 채굴사업으로 크게 성공한 영국의 사업가이자 정치가인 세실 로즈의 유산을 기금으로 세운 세계 최초의 국제 장학금이다. 후에 풀브라이트 장학금 제도를 만든 제임스 풀브라이트와 빌 클린턴 전 대통령 등도 이 장학금을 받았다.

당시 연간 1,500파운드의 장학금은 청년들에게 꽤 큰 금액이었다. 참고로, 훗날 양자역학에 대해 아인슈타인과 유명한 논쟁을 벌인 닐스 보어의 그 당시 월급과 거의 비슷한 금액이었다고 한다. 에드윈은 로즈 장학생을 목표로 공부에 매진했다. 1909년 여름, 할아버지 마틴에게 보낸 편지에는 '10월로 다가온 장학금 시험에 대비해 텅 빈 기숙사에서 라틴어 공부에 전념하고 있다'는 내용이 있었다.

그런 그의 열정이 시카고대학 학장의 눈에 들면서 9명의 학생위원 중 한 사람으로 임명되었다. 밀리컨을 비롯한 다른 교수들의 추천장까지 받은 에드윈은 일리노이 주 로즈 장학생 전형위원회에서 1위로 추천되면서 영예로운 로즈 장학금을 받았다.

여담이지만, 이듬해 5월 핼리혜성이 지구에 접근했다. 핼리혜성의 빛을 분석한 프랑스의 천문학자가 그 스펙트럼(빛을 프리즘에 통과시켜 무지개 색으로 나눈 것. 스펙트럼의 줄무늬를 분석하면 빛을 방출한 가스의 성분을 알 수 있다)에 맹독성 사이안화수소(청산)의 성분이 있다고 발표하면서 '핼리혜성의 꼬리가 지구를 통과하는 5월 20일 인류가 멸망할 수도 있다'는 소문이 퍼졌다. 창을 걸어 닫고 집안에 틀어박힌 사람도 있었지만 에드윈은 밤새도록 혜성을 관찰했다고 한다.

에드윈은 그 해 여름이 가족과 보내는 마지막 기회라고 생각하고 가족이 살고 있던 켄터키 주의 셸비빌에서 지냈다. 아버지의 건강이 좋지 않자 남동생 빌은 가족을 부양하기로 결심하고 농업을 공부해 마시필드에서 농장을 경영하기로 한다.

옥스퍼드 유학 생활

1910년 9월, 에드윈은 영국의 옥스퍼드대학으로 떠났다. 그때까지만 해도 천문학을 연구하겠다는 명확한 목표는 없었다.

아버지의 바람도 있고, 천문학 때문에 실연한 일도 마음에 걸렸는지 에드윈은 시카고대학 때와 마찬가지로 법률을 전공하기로 했다. 퀸스 칼리지의 기숙사를 선택한 에드윈은 그곳에서 귀족 가의 자녀들, 작가나 실업가를 꿈꾸는 학생들과 함께 생활했다.

에드윈은 금세 옥스퍼드대학 특유의 말투를 익히고, 의식적으로 영국식 악센트를 사용했다. 훗날 그의 트레이드 마크가 된 말투와 학자풍의 중후한 분위기를 자아내는 파이프 담배를 배운 것도 이 시절이었다. 아버지와의 약속을 어기고 맥주와 와인도 즐기게 되었다.

변함없이 운동을 즐기며 대학 야구부의 주장을 맡거나 보트부에도 들어가고 높이뛰기대회에서 우승도 했다. 한편, 누나에게는 옥스퍼드에서 공부한 지 1년 남짓한 기간 동안 '300권이 넘는 책을 읽었다'는 편지를 쓰기도 하고 어머니에게 쓴 편지에는 '무언가 역사에 남을 만한 위대한 일을 하고 싶다'는 대목도 있었다.

옥스퍼드대학 시절에는 이런 일화도 있었다. '용의 꼬리보다 뱀의 머리가 낫다'는 친구의 말에 에드윈은 '왜, 용의 머리가 될 생각을 않냐'며 반박했다고 한다. 훗날 자신의 업적에 대한 평가에 집착했던 에드윈의 상승 지향적 면모가 엿보이는 일화이다.

얼마 후, 독서가인 에드윈은 문학과 스페인어를 부전공으로 선택했다. 아버지의 영향으로 선택한 법학이 아무래도 적성에 맞지 않았던 것 같다. 물리학과 수학도 공부했지만 아버지 때문에 공공연히 드러내지는 않았다. 결국 에드윈은 전공을 법학에서 스페인어로 바꾸고 1913년 옥스퍼드 유학을 마친다.

잘생긴 선생님

1913년 1월, 아버지가 말라리아에 걸려 세상을 떠났다. 꽤 유복했던 허블 가도 그 무렵에는 가산이 기울어 있었다. 에드윈이 켄터키 주 루이빌에 살던 가족 곁으로 돌아온 것은 아버지가 세상을 떠나고 반년이 지난 후였다.

에드윈은 귀국 후, 켄터키에서 변호사 자격을 취득했다. 당시에는 지금처럼 엄격한 시험을 통과해야 하는 것이 아니라서 위스키 한 병을 들고 가 판사의 구술시험에

답하고 자격을 얻는 일도 있었다고 한다. 어쩌면 로즈 장학금이 아깝다는 평을 듣게 될까 봐 귀국 후 일단 자격만이라도 취득해두려는 생각이었는지도 모른다. 하지만 에드윈이 법률사무소를 차렸다는 기록은 없으며, 본인도 그 일에 대해서는 언급하지 않았다.

형 헨리는 보험통계사무소에 다니고, 누나 루시는 피아노 가정교사를 했지만 여덟 식구를 부양하기에는 빠듯했다. 에드윈은 뉴올버니고등학교에서 스페인어를 가르치게 되었다. 영국 신사처럼 잘생긴 선생님의 수업을 듣기 위해 여학생들이 몰렸다고 한다. 머지않아 에드윈은 스페인어뿐 아니라 물리, 수학 수업에 농구팀 코치까지 맡았다. 그가 맡은 농구팀은 연전연승했다고 한다. 학생들에게도 인기가 많았는지 학생들이 보낸 감사편지가 아직 남아 있다.

드디어 천문학의 길로

하지만 에드윈(이하, 허블로 부른다)은 그런 생활에 만족하지 못했다. 천문학에 대한 관심이 점점 커졌기 때문이다.

1914년 5월 말, 고등학교의 학기가 끝날 무렵 허블은 시카고대학 천문학 교수인 몰턴에게 대학원 입학과 장학금 지급 가능성을 상담했다. 몰턴은 시카고대학의 여키스 천문대장 에드윈 프로스트 앞으로 추천장을 써주었다. 면접을 본 프로스트는 그 자리에서 허블의 소질을 알아보았다. 수업료 120달러와 월급 30달러를 받기로 하고 10월부터 근무하게 되었다.

사진 1-4 1914년 8월에 열린 제17회 미국 천문학회. 시카고대학 도서관. apf6-00393

그리하여 허블은 프로스트의 지도하에 관측을 하고 학위 논문을 쓰게 되었다. 1914년 8월 프로스트의 권유로 처음 참가한 제17회 미국 천문학회에서 많은 천문학자들을 만나고 훗날 경쟁을 벌이게 되는 애드리언 반 마넨과 함께 학회 회원으로 선출되었다. 당시 학회 기념사진에는 청년 허블이 에드워드 찰스 피커링 회장 등의 중진 옆에 자리를 잡고 앉아 사진을 찍었다(사진 1-4).

여키스 천문대와 최초의 논문

허블이 일하게 된 여키스 천문대는 1897년 천체분광학의 권위자 에드윈 프로스트를 초대 대장으로 맞으며 개설되었다. 천문대 개설에 크게 공로한 인물이 바로 조지 엘러리 헤일이다. 헤일은 승강기 제조로 큰 부를 축적한 윌리엄 헤일의 손자로 24세에 시카고대학의 조교수가 되었다.

1892년 7월, 헤일은 우연히 남캘리포니아대학에서 윌슨 산 천문대 망원경 제작을 위해 프랑스에 주문한 직경 105센티미터의 유리 원판 두 개가 완성은 되었지만 돈을 내지 못해 무용지물이 될 형편이라는 이야기를 들었다.

헤일은 시카고대학장 하퍼와 함께 시카고의 철도왕 찰스 여키스를 만나 세계 최대의 1미터 굴절망원경(칼럼 1 참조) 건설 자금을 지원해줄 것을 부탁했다. '자신의 이름을 딴 세계 최고의 망원경을 만든다'는 말에 솔깃한 여키스는 자금 지원을 약속했다. 그리하여 시카고에서 120킬로미터 거리의 제네바 호 근처에 여키스 천문대가 설립된 것이다.

허블의 연구는, 반사망원경으로 사진을 찍는 것부터 시작했다. 허블이 쓴 최초의 논문은 항성의 위치 변화(고유운동이라고 한다)에 관한 것이었다. 허블은 자신이 촬영한 사진

사진 1-5 1미터 굴절망원경 앞에서 찍은 여키스 천문대 직원들의 단체사진. 서 있는 남성들 중 오른쪽에서 다섯 번째가 허블

과 약 10여 년 전에 촬영된 사진을 비교해 12개 항성의 위치가 바뀌었다는 것을 알아냈다. 이는 곧 이들 항성이 우주공간 안에서 움직이고 있다는 것을 나타낸다.

그 후, 허블은 외뿔소자리 R성이라는 변광성을 포함한 성운 NGC2261에 관심을 갖는다. 1916년과 1908년에 촬영한 사진을 비교했을 때, 성운의 형태에 변화가 있었기 때문이다. 허블은 '성운의 중심에서 가스가 방출되면서, 그 운동으로 성운의 형태가 바뀌었을 것이다'라고 지적했다. 참고로, 허블은 계속해서 이 성운에 관심을 기울이며 30년 후에도 재차 관측했다.

이 연구를 통해 허블은 우주공간에서의 천체의 움직임과 변화를 실감했던 것이다.

학위 논문

허블이 연구를 시작했을 무렵에는 1만 개 이상의 '성운'이 발견되었다. 형태에 따라 행성상성운, 나선성운, 타원성운 등으로 불렸지만 그 정체는 밝혀지지 않았다. 나선성운은 시선속도(칼럼 1 참조)가 크고, 천구상의 위치 이동도 측정할 수 없을 만큼 미세했기 때문에 이미 몇몇 천문학자들은 이들 천체가 우리가 사는 지구가 속한 은하계 밖에 있는 천체일지도 모른다고 생각했다.

허블은 은하수에서 한참 멀리 떨어진 7개의 영역을 골라 여키스 천문대의 60센티미터 반사망원경으로 사진관측을 했다. 그 사진을 자세히 분석하자 이들 영역에서 이미 관측된 76개 말고도 512개나 되는 성운이 새롭게 관찰되었다. 허블은 관측된 성운들의 위치를 측정하고 형태, 밝기, 크기를 자세히 기록했다. 특정 영역에서는 성운이 무리지어 있는 듯 보였다. 그러한 영역 전체에서 관측한 186개의 성운 중 75개가 보름달 크기 정도의 구역에 몰려 있었던 것이다.

1916년 7월 23일, 윌슨 산 천문대 부대장 월터 애덤스는 천문대장 헤일에게 '새로운 2.5미터 망원경의 거울이 완성을 앞두고 있으며, 1년쯤 후에는 관측을 시작할 수 있으니 천문학자 다섯 명을 새로 채용하고 싶다'고 요청했다. 애덤스는 그 편지에서 허벨(실제 편지에 이름이 잘못 쓰여 있었다)이라는 시카고대학의 유망한 대학원생에 대해 언급했다. 얼마 후, 허블은 '학위 논문이 완성되면 연봉 1,200달러에 윌슨 산 천문대로 초빙하고 싶다'는 헤일의 편지를 받았다.

제1차 세계대전 발발

그런데 1914년 6월 28일, 오스트리아·헝가리 제국 황
태자의 암살사건을 계기로 제1차 세계대전이 발발한다.
미국은 유럽의 전쟁에 관여하지 않았지만 1917년 4월 6
일, 독일과 그 동맹제국에 선전포고를 하며 전쟁에 가세
했다.

그 직후인 1917년 4월 10일 허블은 두 통의 편지를 보
냈다. 한 통은 학위 논문을 지도해준 프로스트 교수에게
'예비사관생으로 지원하기로 결심했으니 학위 시험 일정
을 앞당겨줄 수 있는지'를 의논하는 내용이었다. 다른 한
통은 천문대장 헤일에게 보내는 편지로 '입대를 결심했으
니 전쟁이 끝날 때까지 윌슨 산 천문대 자리를 유보해줄
수 있는지'를 묻는 내용이었다. 편지를 받은 두 사람 모두
깜짝 놀랐지만 허블의 요청을 받아들였다. 프로스트 교수
는 입대 추천서까지 써주었다.

허블의 학위 논문 주제는 '미광성운의 사진촬영 연구'였

다. 사실 학위 논문의 완성도가 충분치 않았기 때문에 평소대로라면 심사를 통과하지 못했을 것이다. 하지만 심사위원회는 종군을 앞둔 허블을 배려해 학위를 수여하기로 결정했다.

시카고대학에서는 학위 논문 사본을 중앙도서관에 보관하게 되어 있는데 어찌된 일인지 허블의 학위 논문은 남아 있지 않다. 대학 측에서도 봐주기식 심사의 증거를 남기고 싶지 않았는지도 모른다. 한편, 1920년 학술잡지에 실린 허블의 논문은 프로스트의 면밀한 퇴고를 거쳐 게재되었다.

허블 소령

허블은 미합중국 육군에 입대했다. 완공이 얼마 남지 않은 세계 최대의 망원경으로 연구할 수 있는 기회를 눈앞에 두고 내린 굳은 결단이었다. 아마 대학 내에서도 전쟁에 대한 열띤 논쟁이 벌어졌을 것이다. 실제로 당시 시카고대학에서는 34명의 학생이 지원병으로 전쟁에 참가했다.

1917년 5월 15일, 허블은 1급 사관후보생훈련소에 배속된다. 용감한 인디언 추장 블랙 호크의 이름을 딴 '블랙 호크 연대'라는 제86연대가 결성되고, 허블 대위는 제343 보병대장의 제2보병중대장이 되었다. 어머니에게 보낸 편지에는 '25명의 하사관과 600명의 병사를 지휘하고 있다'며 자랑스러워했다고 한다.

다음과 같은 일화도 전해진다. 어느 날, 대대장 하워드 대령이 사격연습장에 나타나 10발 중 6발을 과녁 정중앙의 5점을 쏘고 남은 4발도 4점을 쏘면서 총 46점을 기록했다. 그때 허블이 득의양양한 하워드 대령 앞으로 나오더니 10발을 모두 적중시키며 50점 만점을 기록했다고 한다. 이듬해, 허블은 하워드 대령의 추천으로 소령으로 진급했다. 조부인 마틴 허블 대위보다 높은 지위였다.

1918년 9월 말, 허블의 중대는 프랑스 북서부의 르아브르에 상륙해 보르도를 향해 남하했다. 그런데 6주 후 독일이 항복하면서 블랙 호크 연대는 실제 전투에는 참가하지 않았다. 하지만 지뢰 폭발로 1명이 사망하고, 이때의 부상으로 허블은 평생 오른쪽 팔꿈치를 곧게 펴지 못하게 되었다.

종전 후, 허블은 케임브리지대학에서 아서 에딩턴 교수의 구면 천문학 강의를 듣고 왕립 천문학회의 회원으로도 활동했다. 1919년 8월, 고국으로 돌아온 허블은 어머니를 만나기 위해 단 하루 시카고에 들렀다. 그 후, 샌프란시스코에서 제대 수속을 하고 헤일의 초청에 응하고자 급히 윌슨 산 천문대가 있는 패서디나로 향했다.

헤일은 허블과 했던 약속대로 그의 자리를 공석으로 남겨두었다. 그 해 9월, 허블은 윌슨 산 천문대의 직원으로 신진 천문학자가 되었다.

칼럼 1 망원경과 관측 방법

천체에서 나오는 희미한 빛을 모으는 망원경에는 렌즈를 사용한 **굴절망원경**과 거울을 사용한 **반사망원경**이 있다(그림 1-6).

망원경 전체의 길이보다 렌즈나 거울의 크기가 망원경의 성능을 좌우한다. 예컨대 '2미터 망원경'이라고 하면, 주경의 크기가 직경 2미터라는 것이다.

반사망원경의 경우, 망원경 끝 부분에 주경의 주초점이 있고 그 앞에 설치한 평면사경으로 빛을 반사해 망원경의 경통

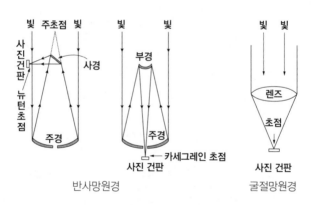

그림 1-6 굴절망원경과 반사망원경의 구조

밖에 초점을 맺게 하는 방식을 **뉴턴 초점**이라고 한다. 사경 대신 볼록거울을 부경으로 사용해 빛을 반사하고 주경 중앙에 뚫린 구멍 바깥에 초점을 맺게 하는 방식은 **카세그레인 초점**이라고 한다(카세그레인 초점 바로 앞에 평면사경을 설치해 빛을 끌어내는 방식으로, 나스미스 혹은 쿠데 초점을 사용할 수 있다).

현재는 빛을 검출할 때 디지털카메라를 사용하지만 당시에는 이러한 망원경의 초점에 사진 건판(감광유제를 바른 유리판, 칼럼 3 참조)을 놓고 촬영한 후 암실에서 현상했다.

또한 초점부에 좁은 틈(슬릿)을 낸 판을 설치해 천체의 빛을 분광기라는 장치에 통과시키면 분광기 안의 프리즘이나 회절격자가 빛을 무지개 색으로 분해한다. 그 빛을 사진으로 찍는 관측 방식을 **스펙트럼 관측**이라고 한다. 천체의 스펙트럼 분석을 통해, 원소의 구성을 분석하고 운동속도를 측정할 수 있다.

이 방법으로 측정할 수 있는 것은 관측자의 시선 방향으로 '가까워지거나 멀어지는' 운동속도로, **시선속도**라고 부른다.

제2부
안드로메다은하의 비밀

망원경 계획을 이끈 헤일

앞서 이야기했듯이, 조지 엘러리 헤일은 철도왕 찰스 여키스를 설득해 지원받은 자금으로 시카고 교외에 1미터 굴절망원경을 둔 여키스 천문대를 건설했다. 하지만 여키스 천문대의 기상 조건이 그리 좋지 않자 헤일은 더 좋은 장소를 찾아 남캘리포니아의 산들을 구석구석 뒤지고 다녔다.

또한 헤일은 강철왕 앤드류 카네기를 설득해 여키스 천문대의 태양 관측전용 망원경을 윌슨 산으로 옮기는 데 필요한 자금을 지원받았다. 로스앤젤레스의 일본인 밀집지역 리틀 도쿄에 있는 미일문화회관에 남아 있는 기록에 따르면, 당시 많은 일본계 이민자들이 건설용 차량이 통과하는 등산로 확장 공사에 동원되었다고 한다. 노새를 이용해 자재를 운반하는 일행의 모습을 촬영한 사진이 윌슨 산 천문대 자료에도 남아 있다(사진 2-1).

윌슨 산 천문대장이 된 헤일은 바로 1.5미터 망원경 건설에 착수했다. 1906년에는 사업가 존 D. 후커의 도움으로 2.5미터의 거울을 구입하고 연마할 자금을 마련했다. 망원경의 경통과 돔을 만드는 데 필요한 50만 달러는 카네

사진 2-1 1.5미터 망원경을 실은 짐수레를 윌슨 산 천문대로 옮기는 노새와 일행. 1908년 Cal Tech Archive 10.13-4

기재단에서 지원받기로 했다. 성공한 사업가의 공명심을 자극해 지원을 이끌어내는 헤일의 수완은 실로 대단했다.

그 무렵, 헤일은 여키스 천문대에 있던 월터 애덤스 등의 주요 천문학자들을 윌슨 산 천문대로 데려왔다. 그로 인해 여키스 천문대는 설립된 지 10년도 안 돼 천문학의 최전선에서 밀려나고 말았다.

거듭되는 실패

1908년 수 마리의 노새가 끄는 짐수레에 1.5미터 반사경을 싣고 산 정상을 향해 느릿느릿 오르고 있을 때, 프랑스에서 전보가 한 통 도착했다. '2.5미터의 판유리를 구했다'는 내용이었다. 헤일은 잔뜩 설레는 마음으로 기다렸을 것이다. 하지만 연말에 도착한 2.5미터 판유리를 확인한 연마 기술자는 유리 내부의 기포를 보고 '사용할 수 없다'고 선언했다. 헤일은 크게 실망했다. 그 후로도 몇 번인가 다시 만들었지만 번번이 실패했고 헤일은 실의에 빠졌다.

1910년 마지막 희망을 걸고 미국의 유리제품 제조업체 코닝 사 전문가에게 진단을 맡겼다. 결과는 '사용할 수 있다'였다. 그리하여 마침내 연마 작업에 돌입할 수 있었다.

망원경의 경통과 받침대는 동부 지역의 회사에서 만들어졌다. 그런데 크기가 너무 큰 나머지 육상 운송이 불가능해지자 북극해에서 알래스카를 돌아 캘리포니아까지 해상으로 운송하게 되었다. 헤일은 폭풍을 만나 배가 좌초하지 않을까, 전쟁 중인 독일 잠수함에 격침되지 않을까 내내 마음을 졸였다.

7년 후인 1917년 11월 1일, 2.5미터 망원경이 맞이하는 최초의 밤이었다. 애덤스를 비롯한 18명의 직원들이 지켜보는 가운데 헤일은 거문고자리의 베가를 향해 있는 망원경의 접안렌즈를 들여다보았다. 헤일의 얼굴에 곤혹스러운 표정이 떠올랐다. 그가 본 것은 대여섯 개로 겹쳐 보이는 흐릿한 베가의 상이었다. '거울과 공기와의 온도 차 때문일 수 있다'며 3시간 동안 헤일과 애덤스가 교대로 확인했지만 상은 조금 나아진 정도였다.

끝내 모두 포기하고 잠자리에 들었지만 헤일과 애덤스는 잠을 이루지 못했다. 결국, 새벽 3시가 조금 못 된 시각에 돔에서 만난 두 사람은 이번에는 망원경을 목성으로 향했다. 그러자 헤일의 눈에 들어온 것은, 또렷한 목성의 화상이었다. 그제야 거울이 식으면서 천체를 제대로 비추게 된 것이다. 헤일의 기쁨은 이루 말할 수 없었다.

헤일은 천문학 역사에서 창의적인 아이디어와 미래를 내다보는 선견지명, 목표를 향한 불굴의 정신과 활력으로 망원경 계획을 성공으로 이끈 과학 분야의 유능한 기획자로 알려져 있다. 늘 그의 머릿속에는 더 크고 새로운 계획이 샘솟고 있었다.

잊을 수 없는 밤

전쟁이 끝난 후, 허블이 윌슨 산 천문대에 부임한 것은 1919년 9월 3일로 2.5미터 망원경이 완성된 지 2년쯤 지나서였다. 이때는 패서디나의 산타바바라 가 813번지에 지상 2층, 지하 1층짜리 천문대 본부와 실험실을 갖춘 별관도 지어진 후였다. 정기적으로 패서디나와 윌슨 산을 오가는 차량도 운행했기 때문에 편도 2시간이면 산 정상에 도착할 수 있게 되었다.

'꼿꼿한 군인이 온다!'는 소문은 천문대에서 일하는 사람들을 긴장하게 했다. 밀턴 휴메이슨은 성실한 근무 태도로 천문대 관리인에서 관측 조수로 발탁된 인물이었다. 그는 허블이 처음 천체를 관측한 밤을 이렇게 회상했다.

'그날 밤 본 그의 강렬한 모습은 평생 잊을 수 없다. 그는 1.5미터 망원경의 뉴턴 초점 앞에 서서 망원경을 조작해 사진 촬영을 하고 있었다. 밤하늘을 배경으로 훤칠하게 잘생긴 남자가 파이프 담배를 물고 있는 실루엣이 눈에 들어왔다. 군인용 코트 자락이 바람에 나부끼고, 암흑 속에서는 이따금 파이프 담배의 불꽃이 타올랐다. 그날 밤은 시상이 좋지 않았지만 암실에서 현상을 마치고 나온

허블은 무척 만족스러운 표정이었다.'

동료들

윌슨 산 천문대는 천문대장 헤일과 여키스 천문대에서 온 부대장 월터 애덤스가 지휘했다. 애덤스는 철두철미한 성격으로, 마을 사람은 그가 출근하는 것을 보고 시계를 맞춘다는 일화까지 있을 정도였다.

네덜란드 출신의 천문학자 반 마넨은 동료들과 어울리는 것을 좋아하는 유머러스한 남자였지만 허블과는 처음부터 사이가 좋지 않았던 것 같다.

윌슨 산 천문대에는 저명한 천문학자 할로 섀플리도 있었다. 허블보다 네 살 많은 섀플리는 식쌍성 연구로 학위를 취득했다. 식쌍성이란, 두 항성이 서로를 가리듯 공전하는 별을 말하는데 이를 세밀히 관측하면 별의 반경이나 밀도 등의 다양한 정보를 정확히 산출할 수 있다.

섀플리는 이 연구로, 실제 식쌍성이 이제껏 생각했던 것보다 더 멀리 있다는 사실을 알아냈다. 그리고 은하계 자체도 당시 주류였던 '은하계는 직경 약 2만 광년 크기의

원반이며 태양계는 은하계의 거의 중심에 있다'는 캅테인
(네덜란드의 천문학자)의 우주 모델보다 훨씬 클 수도 있다는 생
각을 갖게 된다.

학구파인 섀플리는 음지와 양지에서 개미들의 행렬 속
도가 다른 것을 발견하고 온도계나 습도계 혹은 스톱워치
등으로 개미의 이동속도를 '학술적'으로 계측하여 '개미의
열역학'이라는 제목의 논문을 완성해 생태학 잡지에 투고
한 일화도 있다. 그러한 섀플리도 반 마넨과 마찬가지로
허블의 거만한 태도, 로즈 장학생이라는 이력, 군인 특유
의 언동, 옥스퍼드식 말투가 마음에 들지 않았다.

하지만 당시 허블은 천문대에 부임한 후에도 꽤 오랫동
안 승마용 긴 바지와 군용 부츠를 즐겨 착용하는 등 '소령'
의 이미지를 고수했던 것 같다.

천문대의 밤

산 경사면에 있는 통칭 '수도원'이라고 불리던 식당에서
의 저녁식사(칼럼 4 참조)는 겨울에는 5시, 여름에는 6시에 시
작되었다. 식탁의 주빈석에는 2.5미터 망원경 관측자, 그

오른편에는 2.5미터 망원경 관측조수, 그 옆에는 1.5미터 망원경 관측자 순으로 모두 정장에 넥타이를 매고 착석하는 것이 관례였다.

날이 샐 때까지 몇 시간씩 정신을 집중해 망원경을 조작하는 것은 굉장히 힘든 일이다. 당시 세계 최고였던 2.5미터 망원경에도 몇 가지 문제가 있었다. 망원경을 움직이는 톱니바퀴의 이가 완벽하게 들어맞지 않아서 망원경의 방향을 바꿀 때마다 초점이 조금씩 어긋났던 것이다. 오차를 바로잡으려면 관측대에서 직접 천체를 보며 망원경을 미세 조정해야 했다. 관측용 돔도 망원경의 움직임에 맞춰 개구부의 방향을 바꾸어야만 했다.

또 망원경이 부드럽게 움직이도록 수은 위에 띄우는 설계 방식을 적용했는데, 전쟁 중에는 수은을 필요량의 반밖에 사용하지 못해 동작이 매끄럽지 못한 경우도 더러 있었다. 관측 중에는 졸음과 추위가 가장 큰 적이었다. 겨울에는 손가락이나 발끝의 감각이 없어지고 눈물 때문에 눈썹이 접안렌즈에 얼어붙기도 했다.

허블이 처음 2.5미터 망원경으로 촬영한 것은, 1부에서도 이야기했던 NGC2261이었다. 그가 촬영한 사진 건판

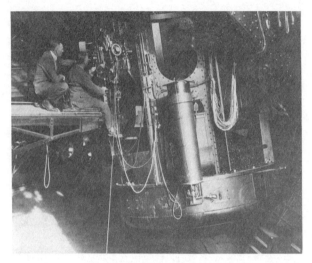

사진 2-2 2.5미터 망원경과 허블. 1931년 COPC 2911

에는 H1H(후커 2.5미터 망원경, 건판 1호, 허블의 머리글자)라고 쓰여 있다. 혈기 왕성한 허블은 열정적으로 관측에 임했다. 기록에 의하면, 노출 시간이 4~5시간에 이르는 사진을 수백 장이나 촬영하기도 했다(사진 2-2).

다만, 윌슨 산 천문대에 남은 사진으로 판단하건대 기술적으로 그리 뛰어난 관측자는 아니었던 것 같다.

내 경험으로 미루어 볼 때, 허블이 촬영한 사진의 완성도가 떨어졌던 것은 조작 기술이 서툴다기보다 '계속해서 관측하고 싶다'는 과도한 집념이 원인이었을 듯하다. 대기가 불안정하고 시상이 좋지 않을 때에는 노출을 중단하는 편이 선명한 사진을 얻을 수 있다. 그런 면에서 허블은 결단력이 부족했던 것이 아닐까. 대학원 시절, 일본에서는 이렇게 '지나치게 신중한' 관측 방식을 '룸펜 관측'이라고 불렀다.

성운 관측

허블의 첫 연구는, 은하수를 따라 펼쳐진 밝은 성운과 암흑성운을 조사하는 일이었다. 허블의 선배인 천문학자 미셸 마이어는 이렇게 회상했다.

'성운에 관한 허블의 지식은 백과사전과 같았다. 100여 개의 메시에 번호가 붙은 천체는 물론, 은하수 안의 NGC 목록에 있는 수백 개의 성운, 암흑성운, 성단, 행성상성운에 대해 허블은 그 구조와 이웃 천체와의 위치 관계를 속속들이 외우고 있었다.'

관측시간이 충분했던 허블은 실제로도 다양한 관측을

했다. 나선성운의 분광 관측을 통해 수소 원자 고유의 스펙트럼 휘선이 유난히 굵게 나타나는 나선성운이 다수 있다는 것도 지적했다. 훗날 이러한 은하를 연구한 천문학자의 이름을 따 '세이퍼트은하'라고 부르게 되었다. 세이퍼트은하의 대표 격인 NGC4151의 스펙트럼 특이성에 주목한 것도 아마 허블이 최초였을 것이다. 현재는 이러한 나선은하의 중심에 있는 거대 블랙홀이 격렬한 활동을 하고 있기 때문에 이 같은 특징이 나타나는 것으로 알려져 있다.

그 밖에도 구상성단이나 행성상성운을 관측했지만 모든 결과를 논문으로 남긴 것은 아니었다. 관측을 통해 흥미로운 사실을 발견했더라도 논문으로 발표하려면 상당한 작업과 시간이 필요하다. 허블은 소소한 발견을 논문으로 쓰기 위해 책상에 앉기보다 또 다른 관측에 나서기를 선택한 것이다.

은하계 내 성운

1922년 5월, 허블은 모든 성운을 은하수 가까이에 있는 은하계 내 성운과 은하수에서 멀리 떨어진 위치에 있는 은하계 외 성운으로 크게 구분한 논문을 발표했다. 당시로서는 참신한 발상이었으며 오늘날의 우주관에도 이어지고 있다. 더 나아가 은하계 내 성운을 행성상성운과 형태가 분명치 않은 그 밖의 성운으로 나누었다. 형태가 분명치 않은 성운으로는 암흑성운이나 매혹적인 빛을 뿜어내는 발광성운과 반사성운이 있다.

다음 논문에서 그는 '성운은 가까이에 있는 별 빛을 흡수해 같은 양의 빛을 방출한다. 가까이에 밝은 별이 없거나 있어도 지구에서 보이지 않는 위치에 있을 때는 암흑성운으로 보인다'는 결론을 내린다. 그 뿐 아니라, 행성상성운은 눈에 보이지 않는 강한 자외선을 흡수하고 그 에너지를 눈에 보이는 가시광선으로 다시 방출한다는 추론을 내놓았다. 그의 추론이 옳았다는 것이 훗날 검증되었다.

은하계 내 성운을 이렇게 이해한 허블은 이윽고 은하계 외 성운 즉, 은하 연구에 몰두하게 된다.

천체의 거리를 측정하다

나선성운 중에서도 안드로메다자리의 대성운은 10세기 아라비아의 천문학자 알 수피의 천문도에도 그려져 있을 정도이니 최소한 천 년 전부터 인류가 알고 있었던 성운이다. 18세기 후반, 소망원경으로 혜성을 연구한 프랑스의 샤를 메시에는 혜성을 찾을 때 헷갈리기 쉬운 천체를 목록으로 만들었다. 천체 관측에 적합한 100여 개의 성운과 성단을 망라한 이 목록은 '메시에 목록'이라고 불린다. 안드로메다대성운은 이 목록의 31번째에 이름을 올리며 현재까지도 'M31'이라고 불린다.

비슷한 시기, 영국에서는 윌리엄 허셜(독일 태생)이 직접 만든 대망원경으로 수차례 별들을 헤아린 끝에 은하계가 원반 모양의 행성계라고 발표했다. 허셜은 약 2천 개의 성운을 새롭게 발견했는데, 그 후 100년 넘게 이들 성운이 지구가 있는 은하계 안에 있는 것인지 은하계 밖에 있는 것인지에 대한 진지한 논의는 이루어지지 않았다.

허블의 시대에는, 은하수에서 멀리 떨어진 곳에 산재하는 나선성운 등이 은하계 안에 있는지 밖에 있는지를 밝히려면 그 거리를 측정해야 한다는 데까지 생각이 미쳤

사진 2-3 세페이드형 변광성의 주기광도 관계를 발견한 헨리에타 리비트. AIP Emilio Serge Visual Archive

다. 하지만 천체가 너무나 멀리 있기 때문에 그 거리를 측정하는 것은 쉬운 일이 아니었다.

천체의 거리를 측정할 때 '세페이드형 변광성'은 매우 중요한 역할을 한다. 그 실마리를 제공한 사람은, 하버드 대학 천문대에서 사진자료를 분석하던 여성 직원 헨리에타 리비트였다(사진 2-3). 1908년 리비트는 소마젤란성운의 세페이드형 변광성의 주기와 광도(실시등급) 사이에 일정한 관계가 있다는 것을 발견했다. 이 별들은 지구에서 볼 때 거의 같은 거리에 있기 때문에 '변광 주기는 본래의 광도(절대등급)와 관계가 있다'는 결론을 내린다.

이 관계는 세페이드형 변광성의 '주기광도 관계'라고 불리게 되었다. 세페이드형 변광성은 별의 내부 구조가 불안정해지면서 팽창하거나 수축하는 별이다. 그 구조가 알려진 것은 20세기 후반의 일이지만, 1920년 무렵 이미 세페이드형 변광성의 성질이 천체의 거리를 측정하는 잣대로 쓰일 수 있다는 사실을 알고 있었던 것이다.

당연히 허블은 세페이드형 변광성의 중요성을 인식하고 있었다. 그리고 그 무렵부터 허블은 성운 연구로 후세에 이름을 남기는 것을 꿈꾸고 있었다.

안드로메다대성운의 정체

1890년경, 한 아마추어 천문가가 50센티미터 망원경으로 촬영한 안드로메다대성운 M31의 아름다운 사진을 통해 나선 안쪽에 점점이 빛나는 별들을 확인할 수 있었다. 1900년에는 M31 중심부의 스펙트럼에서 가스 성운 특유의 휘선이 나타나지 않았기 때문에 'M31의 중심부는 가스 구름이 아닌 항성계로 보인다'는 연구도 발표되었다.

1885년, 안드로메다대성운에 밝은 빛을 내는 별이 나타났다. 'S안드로메다'라는 이름이 붙여진 유명한 신성이다. 독일의 줄리우스 프란츠는 삼각시차법(지구의 공전궤도의 크기와 항성까지의 거리가 만드는 매우 작은 삼각형의 각도를 측정하는 방법)으로 S안드로메다의 거리를 구하려고 했지만 각도가 너무 작아 실패했다. 그 후에도 많은 천문학자들이 M31의 거리를 측정하려고 했지만 누구도 정확한 결과를 얻는 데는 성공하지 못했다.

1917년 윌슨 산 천문대의 조지 리치가 안드로메다대성운의 오래된 사진 건판에서 두 개의 신성을 발견한 것이

사진 2-4 리크 천문대 0.9미터 망원경과 히버 커티스

거리 논쟁의 불씨를 댕겼다. 1922년에는 M31에서 21번째 신성이 발견되었다. 캘리포니아대학 리크 천문대의 히버 커티스는 이 신성이 'M31에 속한 신성'이라고 생각했다. 그는 은하계의 다른 장소에서 발견된 신성에 비해 1885년 관측을 제외하고 M31의 신성이 상당히 어둡다는 것을 깨달았다. '1885년의 신성은 안드로메다대성운에서 발견된 다른 어두운 신성에 비해 유독 밝기 때문에 대성운의 거리측정에는 사용할 수 없다'고 처음 지적한 사람도 커티스였다(사진 2-4).

1919년에는 스웨덴의 천문학자 크누트 룬드마크가 은하계 안의 신성과 보통 신성만을 비교해 안드로메다대성운까지의 거리를 55만 광년으로 계산해냈다. 이것은 커다란 진보였다. 하지만 당시에는 유난히 밝은 S안드로메다가 보통 신성이 아닌 '초신성'이라는 사실을 알지 못했다. 신성은 별 표면에 쌓인 가스가 핵융합 반응을 일으켜 갑자기 밝아지는 것이지만 초신성은 별 전체가 폭발적인 핵반응을 일으켜 폭발하는 현상으로, 보통 신성보다 1만 배 이상 밝아지는 현상이다.

이러한 흐름 속에서 허블은 '더욱 신뢰할 수 있는 표준

촛불로서, 세페이드형 변광성을 찾아내 그 주기를 측정하면 리비트의 주기광도 관계를 통해 그 절대등급을 구할 수 있을 것이다. 그런 다음 절대등급과 실시등급을 비교해 계산하면, 세페이드형 변광성까지의 거리가 나오고 이 세페이드형 변광성이 안드로메다대성운에 속한다면 성운까지의 거리를 측정할 수 있다'고 생각하고 변광성을 찾기 시작한 것이다.

나선성운을 둘러싼 대논쟁

1920년 4월 26일, 미국 국립과학아카데미는 두 명의 저명한 천문학자 할로 섀플리와 히버 커티스의 공개토론회를 기획했다. 주로 은하계의 구조에 관해 논하는 자리였지만, 나선성운의 정체를 둘러싼 논의도 있을 예정이었다.

마침 그 무렵, 섀플리는 윌슨 산 천문대에서 하버드대학 천문대의 대장대리로 취임했다. '6개월간의 업무 능력을 보고 천문대장직을 맡길지 결정하겠다'는 약속이 있었기 때문에 하버드대학 천문대 직원은 물론 저명한 학자들이 모이는 이번 공개토론회는 섀플리에게 있어 무척 중요한 기회였다.

당시만 해도 '은하계는 직경 약 2만 광년 크기의 원반 모양으로 태양계는 은하계의 거의 중심에 있다'고 하는 캅테인의 우주 모델이 일반적이었다. 하지만 섀플리는 많은 구상성단이 궁수자리에 집중되어 있으며 구상성단에 포함된 변광성의 주기광도 관계로 볼 때 그 거리는 대략 6만 광년으로 '태양계는 은하계의 중심에서 벗어난 위치에 있다'고 주장했다. 그리하여 '은하계는 직경이 30만 광년에 이르는 커다란 항성계이며, 다수의 나선성운이 멀어지고

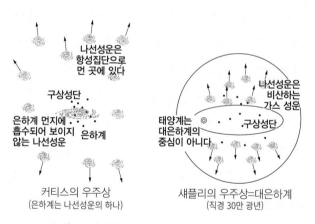

커티스의 우주상
(은하계는 나선성운의 하나)

섀플리의 우주상=대은하계
(직경 30만 광년)

그림 2-5 커티스의 우주상과 섀플리의 우주상

있는 것은 나선성운이 은하계의 빛의 압력을 받아 주변으로 비산하기 때문'이라고 설명했다. 더 나아가 '1885년에 발견된 신성 S안드로메다의 광도와 은하계의 신성의 광도를 비교해 계산하면, 안드로메다대성운의 거리는 가깝고 은하계보다 훨씬 작은 천체일 것'이라고도 강조했다. 결정적으로, 섀플리의 동료였던 반 마넨이 측정한 나선성운의 자전운동 측정 결과를 볼 때도 '나선성운은 은하계보다 훨씬 작을 수밖에 없다'는 결론을 내렸다.

이에 대해, 커티스는 '나선성운의 색이나 스펙트럼은 태양 등의 항성의 색이나 스펙트럼과 비슷하기 때문에 다수의 별들이 모여 있는 것으로 생각된다'고 지적했다. 더 나아가 '은하수 가까이에서 나선성운을 거의 찾아볼 수 없는 것은, 은하면의 먼지에 의해 흡수되기 때문이며 나선성운이 은하계에 속한 천체라고 생각할 이유는 없다. 또 1885년의 신성은 다른 신성보다 훨씬 밝기 때문에 다른 종류일 가능성이 있다'고도 지적했다(실제, 수년 후 S안드로메다가 보통 신성보다 수만 배나 밝은 초신성이라는 것이 밝혀진다). '은하의 자전운동을 측정했다'고 하는 반 마넨의 측정 결과도 '측정 정도가 불충분하기 때문에 독립된 측정 결과를 확인할 필요가 있다'고 강조했다.

각각의 주장에 나름의 근거가 있었고 두 사람 모두 자신이 토론에 이겼다고 생각했지만 결론은 크게 달랐다. 당시 토론회에서는 어느 쪽이 옳은지 결론이 나지 않았다. 무엇보다 중요한 나선성운까지의 거리를 알지 못했기 때문이다.

세페이드형 변광성의 발견

1923년 여름, 허블은 더욱 계통적인 변광성 연구를 위해 윌슨 산 천문대의 1.5미터 망원경과 2.5미터 망원경을 사용해 안드로메다대성운을 본격적으로 관측했다. 10월 4일 2.5미터 망원경으로 촬영한 최초의 사진 건판에서 밝기가 변하는 3개의 신성Nova 후보를 발견한 허블은 10월 6일 건판 번호 H355H에 3개의 N이라고 표시했다.

그 후, 허블은 1909년 봄 조지 리치가 1.5미터 망원경으로 찍은 건판을 포함한 총 수십 장의 건판에서 이 별들을 확인했다. 그리고 10월 23일에는 광도가 변하는 모습을 그래프로 그려 3개 중 하나가 신성이 아닌 주기적으로 밝

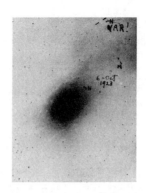

사진 2-6 1923년 10월 4일에 촬영한 M31의 사진. 10월 23일, 3개의 신성 중 하나가 세페이드형 변광성이라는 것을 깨닫고 'VAR!'이라고 수정한 건판

기가 변하는 세페이드형 변광성이라는 것을 확인한 것이다. 흥분한 허블은 관측일지 156~157쪽에 그에 대한 기록을 남겼다.

'이 건판에서 발견. 10월 23일.'

또 유리 건판에는 신성을 뜻하는 N이라는 글자 위에 가위표를 하고 대문자로 변광성을 나타내는 'VAR'에 느낌표(!)까지 붙여서 기록해두었다(사진 2-6).

이 발견을 더욱 확실히 입증하기 위해 관측을 계속했지만 11월부터 1월까지는 날씨가 좋지 않아 기회가 없었다.

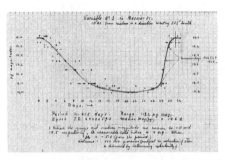

사진 2-7 허블의 저서 『은하의 세계』(1936년)에 게재된 안드로
메다대성운의 세페이드형 변광성의 광도 변화를 나타낸 그래프

2월이 되자 청명한 날씨가 이어졌다. 허블은 엿새에 걸쳐
안드로메다대성운을 촬영했다. 그러자 그 별이 점점 밝아
지는 것을 관찰할 수 있었다. 드디어 세페이드형 변광성
의 증광 현상을 관측해낸 것이다(사진 2-7).

허블 이전의 천문학자들은 어느 누구도 안드로메다대
성운에서 세페이드형 변광성을 찾으려는 시도를 하지 않
았다. 그때까지 섀플리가 촬영한 수많은 사진 건판이 그
냥 쌓여만 있었던 것이다.

1924년 9월, 룬드마크는 독일의 천문학회에서 '안드로
메다대성운의 정확한 거리를 측정하기 위해서는 세페이
드형 변광성을 찾아야 한다'고 주장했는데 이때만 해도 그

는 허블이 세페이드형 변광성을 찾는 데 성공했다는 사실
을 모르고 있었다.

섀플리의 우주상을 무너뜨린 편지

1924년 2월 19일, 허블은 하버드대학 천문대장이 된 섀
플리에게 편지를 써서 자신의 발견을 처음으로 보고했다.

제가 안드로메다대성운 M31에서 세페이드형 변광성을
발견했다는 사실에 관심을 가지실 것이라고 생각했습니
다. 이번에 저는 날씨가 허락하는 한 꾸준히 이 성운을 관
측했습니다. 그 결과, 9개의 신성과 2개의 변광성을 발견
했습니다. 첫 번째 변광성은 성운의 중심핵보다 약 16분
각(각도 1도의 60분의 1이 1분각) 가량의 나선팔 가장자리 부근에
있습니다. (중략)

조악하지만, 이 변광성의 광도곡선을 동봉합니다(사
진 2-7). 이것은 전형적인 성단형 세페이드로 보입니다.
31.415일의 주기를 당신의 주기광도 관계에 적용해 거리
를 구하면 100만 광년 이상이 됩니다.

이 편지를 읽은 섀플리는 안드로메다대성운까지의 거리가 약 100만 광년이며, 은하계 밖에 있다는 것을 인정하지 않을 수 없었다. 그리고 이 결과는 더 어두운 은하도 대우주 안의 섬과 같은 존재라는 것을 나타내고 있다. 그것은 섀플리가 생각했던 우주상이 틀렸다는 것을 의미했다.

섀플리가 허블의 편지를 받았을 때, 우연히 옆에 있었던 후배 천문학자 세실리아 페인 가포슈킨은 섀플리가 그 편지를 가리키며 '이 편지가 내 우주를 무너뜨렸다'고 중얼거렸던 것을 똑똑히 기억한다고 말했다.

2월 27일 섀플리는 허블에게 답장을 썼다.

안드로메다대성운 방향에 있는 변광성에 관한 당신의 편지는 그동안 내가 본 어떤 논문보다 충격적인 내용이었습니다.

섀플리와 반 마넨은 허블의 주장에 반론할 수 없었다. '대논쟁'은 그렇게 끝이 났다.

그런데 그 해 윌슨 산 천문대의 연차보고서에는 다른 어떤 것보다 중요한 성과인 안드로메다대성운까지의 거리에 대해서는 한마디 언급도 없었다. 아마도 애덤스 대장이 신중을 기하기 위해 다른 변광성의 분석 결과를 기다려보기로 한 것일 수 있다. 실제 1924년 말까지 허블은 총 200여 장의 건판을 촬영해 M33과 NGC6822에서도 세페이드형 변광성을 확인하는 데 성공했다.

은하를 분류하다

　그때까지 성운의 분류는 예컨대, 섀플리와 논쟁을 벌인 리크 천문대의 커티스는 '은하계 내 성운과 은하계 외 성운을 포함한 모든 성운은 기본적으로 행성상성운, 산광성운, 나선성운의 세 종류로 분류할 수 있다'고 주장했다. 하지만 허블은 은하에서 멀리 떨어진 곳에는 타원형에 나선모양이 전혀 나타나지 않고, 바깥으로 갈수록 밝기가 감소하는 성운이 다수 존재한다는 것을 알고 있었다. 그 한 예가, 안드로메다대성운 바로 옆에 있는 타원형 성운 M32이다. 은하에서 멀리 떨어진 곳에 있는 성운 중에는 형태가 일정하지 않은 것도 있었다.

　또 다른 방법으로는, 성운의 특징을 낱낱이 늘어놓는

분류법이 있었다. 막스 볼프가 제안한 분류 체계에서는 그 형태가 23종류나 되었다. 레이놀즈가 제안한 분류 체계도 모호하기는 마찬가지였다.

1922년 베스토 슬라이퍼가 국제 천문연맹의 성운부 회장으로 선출되었다. 슬라이퍼는 성운부회를 설치하고 성운에 관한 연구 조사를 시작했다. 성운부회의 미국 분과회 기록에도 '항성을 진화에 따라 분류하는 데 성공한 만큼 성운도 그와 같은 분류가 가능할 것이라고 본다'고 쓰여 있다.

1923년 7월 24일, 허블은 슬라이퍼에게 새로운 분류 체계에 관한 기술을 보냈다. 허블의 분류 체계는 단순하고 세련된 것이었다(사진 2-8). 그는 모든 은하계 외 성운을 3개의 그룹으로 분류했다. 타원은하 E, 나선은하 S, 불규칙은하 I이다(허블은 평생 '성운'이라고 부르며 '은하'라는 용어를 사용하지 않았지만 이 책에서는 은하계 외 성운은 은하라고 부르기로 한다).

타원은하 그룹에는, 구형에서 상당히 찌그러진 타원형까지 포함되어 있었다. 나선은하 그룹에는 나선 팔이 중심으로부터 뻗어 나오는 정상 나선 은하 S와 막대 모양 구조의 양 끝에서 뻗어 나오는 막대 나선 은하 SB가 있다.

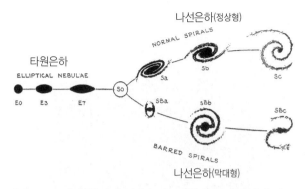

사진 2-8 저서 『은하의 세계』(1936년)에 실린 허블의 은하 분류 계열.

또 나선은하는 나선 팔이 감긴 정도에 따라 a, b, c의 기호를 붙여 세분하며 각각을 초기형, 중간형, 만기형이라고 불렀다(사진 2-9). 이런 이름을 붙인 것은 영국의 천문학자 제임스 진스의 은하 진화론의 영향이었다.

하지만 1925년 여름, 영국 캠브리지에서 열린 제2회 국제 천문연맹 총회에 참석한 유럽의 위원들은 '허블의 분류 체계는 아직 물리적으로 증명되지 않은 성운의 진화 개념을 바탕으로 하고 있다'고 경고했다. '보다 순수한 기술적인 체계가 낫다'는 의견이 많아 허블의 분류 체계는 공식적으로 채용되지 못했다.

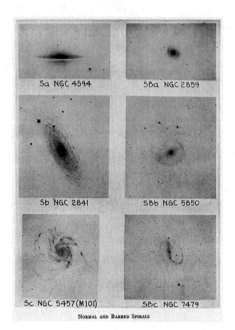

사진 2-9 허블의 나선은하 분류에 관한 논문에 실린 은하 형태의 전형적인 예. 위에서부터 초기형 · 중간형 · 만기형. 1926년 ApJ. 64, 321

한편 1926년 봄, 영국의 천문학자 아이작 로버츠의 미망인이자 천문연맹 위원 중 한 사람인 도로시 로버츠가 프랑스의 대중 과학 잡지에서 허블의 분류 체계를 '훌륭한 분류법'이라고 상찬했다. 그리하여 허블의 분류는 모든 천문학자들에게 알려지게 되었다.

1926년 9월, 허블은 성운부회가 자신의 분류 체계를 채용할 가능성이 없다고 판단하고 천체물리학회지에 은하계 외 성운(은하)에 관한 장대한 논문을 보냈다. 그의 논문은 그 해 12월 호에 게재되었다. 허블은 분류법에 대한 설명뿐 아니라 은하의 모든 형태에 대해 그 실례를 사진으로 실었다. 은하의 97%는 대칭성이 있으며, 불규칙은하로 분류되는 것은 3%에 불과했다.

허블은 '이론적 고찰과는 별개로, 순수하게 기술적인 은하의 분류 체계를 만들기 위해 노력했지만 결과적으로는 진스가 이론적으로 이끌어낸 진화의 과정과 같았다. 이것은 진스의 이론이 옳은 지침이라는 것을 시사한다'고 썼다.

다만, 현재로서는 허블의 은하 분류 체계를 은하의 진화와 연결 짓는 방식은 부정되고 있다.

룬드마크와의 갈등

1926년 봄, 크누트 룬드마크가 허블이 제안한 분류 체계와 똑같은 분류법을 논문으로 발표했다. 룬드마크도 모든 성운을 은하계 내 성운과 은하계 외 성운으로 분류하고 은하계 외 성운을 타원형, 나선형, 마젤란성운형(즉, 불규칙형)의 세 가지로 세분한 것이다.

6월 22일, 허블은 슬라이퍼에게 분노를 담은 편지를 썼다.

룬드마크가 '성운의 예비적 분류법'이라는 논문을 발표한 것을 보았습니다. 이것은 제 분류법과 표기만 조금 다를 뿐 사실상 똑같은 내용입니다. 그는 제 존재를 무시하고, 마치 그 분류법이 자신의 것인 양 기술하고 있습니다. 당신에게 이 사실을 공식적으로 보고하는 바입니다. 저는 이런 방식으로 남의 성과를 가로채는 행위를 좌시할 수 없습니다.

허블은 룬드마크에게도 편지를 써 거세게 항의했다. 룬드마크는 1921년 6월 윌슨 산 천문대에 취임한 후, 2년 이상 허블과 함께 근무했다. 1926년에는 스웨덴에 있었다고

는 하지만 룬드마크가 허블의 연구를 모를 리 없었다. 룬드마크는 허블이 제안한 성운의 분류법을 논의했던 성운부회에도 참석했기 때문이다.

룬드마크는 논문에서 윌슨 산 천문대의 다수의 동료들의 조력에 감사를 표했지만 허블에 대해서는 한마디 언급도 없었다. 그런 부자연스러운 행위는 오히려 룬드마크가 허블을 의식하고 있었음을 보여주는 듯했다. 허블은 섀플리에게 쓴 편지에서도 '룬드마크는 인간으로서도, 과학자로서도 신용할 수 없다'고 말했다.

하지만 룬드마크는 허블의 공격에 대해 단호하게 반론했다. 룬드마크의 분류에도 빛의 중심으로의 집중도 등 허블과는 다른 착안점이 있었다. 그는 이미 성운부회의 위원이 아니었기 때문에 1922년의 분류 논문 이후의 허블의 연구에 대해서는 알지 못했다는 것이었다. 또한 선학을 존중해야 한다는 의미라면 허블이야말로 19세기 중반 '타원'이나 '나선'과 같은 용어를 처음 사용한 아일랜드의 천문학자 로스 경(윌리엄 파슨스)의 성과를 거론했어야 하는 것 아니냐며 비꼬았다.

결과적으로 허블의 분류는 공식적으로 인정받지 못했

지만 그 후, 세계적으로 은하를 분류하는 표준 체계가 되었다.

그레이스와의 만남

　나선성운에 대한 논쟁이 커질 무렵, 허블의 사생활에도 커다란 변화가 찾아왔다. 후에 허블의 아내가 되는 그레이스와의 만남이다. 하지만 결혼에 이르기까지 그야말로 추리소설과도 같은 과정을 겪는다.

　1920년 여름, 리크 천문대에 근무하던 천문학자 윌리엄 라이트는 자신이 만든 자외선 분광기를 윌슨 산 천문대 2.5미터 망원경에 장착한 후 관측하게 되었다. 라이트는 시에라네바다 산맥을 훤히 꿰고 있는 산 사나이로, 동료들 사이에서는 '대장'이라고 불렸다. 산행을 좋아하는 아내 에르나는 남편을 따라 윌슨 산에 가기로 했다. 하지만 라이트가 밤새 관측을 하는 동안 천문대 근처의 작은 산장에서 혼자 있는 것이 불안했던 그녀는 남편의 조카이자 남동생의 아내이기도 한 그레이스 리브를 불렀다.

　윌슨 산으로 향하던 중, 그레이스는 숙부인 라이트에게

허블에 대해 처음 듣게 되었다. 라이트는 이렇게 말했다. '허블은 유능하지만 일밖에 모르는 남자이다. 우주에 대한 새로운 발견을 하려는 야심이 가득하지만 아직 젊어서 그런 걸 테지…….'

네덜란드의 천문학자 이름을 따서 '캅테인 산장'이라고 부르던 산장에 도착한 에르나와 그레이스는 천문대 도서실에 책을 빌리러 갔다. 도서실에 들어간 그레이스의 눈길을 끈 것은 창가에서 사진 건판을 보고 있던 장신의 남자였다. 그레이스는 그 날의 만남에 대해 훗날 이렇게 말했다.

'천문학자가 건판을 보고 있는 모습은 그리 특별한 일이 아닐 거예요. 하지만 그 천문학자가 올림픽 선수처럼 체격 좋고 잘생긴 데다 우아한 남자였다면. 그런 만남에서 여성이 무언가 특별한 것을 느끼는 것도 이상하지 않을 거예요. 속세를 벗어난 이런 곳에서 오로지 연구에 매진하는 모습은 뭔가 신비하기까지 했어요.'

허블이 돌아보자 에르나는 그를 그레이스에게 소개했다. 그 후, 네 사람은 산장으로 돌아와 환담을 나누었다. 이때, 그레이스는 허블이 자신의 일을 한결같이 '꿈과 모험'이라고 말한다는 것을 알았다. 허블도 아름답고 매력적인 검은 눈동자를 지닌 젊은 여성에게 끌렸을 것이다. 당시 그레이스는 자신이 이미 결혼했으며 에르나의 올케라는 사실을 일부러 말하지 않았던 것 같다. 어쩌면 허블의 인생에서 이런 만남은 처음이었을 것이다.

의문의 죽음

그레이스는 산호세 · 산타클라라 철도의 사장 존 패트릭 버크의 장녀로, 허블과 같은 1889년에 태어나 부족한 것 없이 살았다. 후에 내셔널은행의 부행장이 된 버크 가의 저택에는 침실만 10개나 되고 하인과 2대의 캐딜락 운전사가 함께 살았다. 서부 로스앤젤레스의 명문 여학교를 졸업하고 스탠포드대학 영문학과에 들어간 그레이스는 1912년 전 과목 A라는 우수한 성적으로 졸업한다. 그 해 12월, 그레이스는 대학 1년 선배이자 부유한 가문의 아들인 알 리브와 결혼해 버크 가의 저택에서 신혼 생활을 시작했다.

그레이스가 남편 알의 누나 에르나와 함께 윌슨 산에

서 머물며 허블을 만난 것은 결혼한 지 8년째 되던 해였다. 그때까지 두 사람 사이에 자녀는 없었다. 남태평양 회사의 지질학 조사를 담당하던 알은 현장조사 때문에 집을 비우는 일이 많았다고 한다.

사고가 일어난 것은 두 사람이 만난 다음 해인 1921년 6월 15일 오후가 조금 지난 무렵이었다. 지질조사를 위해 지하 탄광의 사다리를 내려가던 알은 지하 15미터 부근에서 산소 결핍으로 호흡 곤란이 오면서 지하 30미터 바닥으로 추락하고 말았다. 가스 때문에 직접 내려가서 구출할 수도 없는 상황이었던 터라 오후 7시가 다 돼서야 밧줄과 갈고리를 이용해 겨우 끌어올린 그의 유해는 척추와 두 다리 뼈가 처참하게 부러져 있었다고 한다.

사고를 보도한 지역 신문은 '10년 이상의 경력을 지닌 지질학자가, 무슨 이유로 가스 마스크도 하지 않은 채 혼자 내려갔을까?'라는 의문을 제기했다. 그러한 의문 제기에 산업사고조사위원회와 검시관도 사고 원인 조사에 나섰지만, 사인이 질식사였는지 낙하에 의한 사망이었는지조차 밝혀내지 못했다.

결혼

그 사건이 일어난 이듬해인 1922년 그레이스와 에드윈 사이에는 사랑이 싹트고 있었다. 이 무렵 두 사람이 주고받은 편지는 전혀 남아 있지 않다. 아마도 그레이스가 헌팅턴 도서관에 허블에 관한 자료를 기증할 때 개인적인 편지 등은 따로 처분했을 듯하다. 허블은 그레이스에게 책을 여러 권 선물했다고 한다.

1923년 9월 10일 개기일식 관측이 있던 날, 두 사람은 내심 다시 만나기를 바라고 있었다. 하지만 두 사람의 기대는 이루어지지 못했다. 그레이스는 숙부인 윌리엄 라이트를 따라 리크 천문대 관측팀에 참가하고, 허블은 윌슨 산 천문대에서 관측을 하게 되었기 때문이다. 일식 관측으로 만날 기회를 놓친 두 사람은 그 직후 샌디에이고에서 만나게 되었다.

이를 계기로, 허블은 윌슨 산에서 일련의 관측을 마칠 때마다 곧장 로스앤젤레스에 있는 그레이스의 집을 찾아가 난로 앞에서 그레이스와 이야기를 나누게 되었다. 허블은 그레이스에게 자신의 성장과정에 대해 이야기했다.

그 속에는 사랑에 빠진 청년다운 과장도 있었던 것 같

다. 가족과는 5천 킬로미터나 떨어져 있었고, 아버지가 돌아가시면서 어려워진 가정형편을 명문가 출신의 그레이스에게 솔직히 이야기하기가 부담스럽기도 했을 것이다. 허블이 워낙 말솜씨가 좋았던 탓에 그레이스는 의심하지 않았던 것 같다.

유복한 가문의 그레이스와 그녀의 부모 앞에서 허블은 '그레이스가 고생하지 않도록 천문학을 그만두고 옥스퍼드에서 배운 법학 지식을 활용해 변호사가 되겠다'고 말하며 청혼했다. 그러자 그레이스는 '천문학을 그만두면 결혼하지 않겠다'며 강하게 반대했다. 어쩌면 이런 전개야말로 허블이 내심 바라던 것이 아니었을까.

마침내 그레이스의 부모도 허블의 열의에 감동받아 결혼을 허락했다. 1924년 2월 26일 두 사람은 버크 가의 일가친척들만 참석한 가운데 결혼식을 올렸다. 신혼여행은 샌프란시스코 남부 페블 비치에 있는 버크 가의 별장으로 떠났다. 재혼이었던 그레이스가 떠들썩한 행사를 피했던 것 같다.

그 후, 허블 부부는 3월 중순에 캘리포니아에서 뉴욕으로 가 보스턴 근교 하버드대학에서 섀플리를 만났다. 섀플리는 지난달 허블로부터 '안드로메다대성운에서 세페이드형 변광성을 발견했다'는 충격적인 편지를 받은 참이었다. 새플리는 어떤 마음으로 허블을 만났을까.

새플리를 만난 후, 부부는 보스턴에서 배를 타고 영국의 리버풀로 향한다. 런던을 둘러본 후, 추억의 장소인 옥스퍼드와 캠브리지를 방문했다. 그 후, 파리와 피렌체 등을 방문해 허블의 변광성 발견 소식을 전해들은 천문학자들의 환영을 받았다. 허블 부부가 사실상의 유럽 신혼여행에서 돌아온 것은 두 달이 지난 1924년 5월이었다.

신혼여행에서 돌아온 날 밤부터 허블은 일주일간 관측에 들어갔다. 관측을 마치고 윌슨 산에서 내려오자 그레이스가 패서디나의 캘리포니아공과대학 근처에 작은 아파트를 준비해놓고 기다리고 있었다. 1층에는 거실과 주방, 2층에는 침실과 욕실이 있는 아담한 아파트였지만 오랜 독신 생활을 했던 허블은 크게 기뻐했다고 한다.

아름다운 유부녀와 영화배우 뺨치는 터프가이의 산 정상에서의 운명적인 만남. 남편의 의문의 사고사, 그 후 두 사람의 급격한 진전, 결혼에 골인하기까지 허블의 온갖 전략. 그리고 만만찮은 허블의 성격…… 추리소설을 읽는 듯한 상상에 빠지게 된다.

허블의 자유분방, 애덤스의 고생

1922년, 이전부터 심신 질환을 앓고 있던 천문대장 헤일의 병세가 악화되었다. 1923년 3월, 헤일은 카네기재단 이사장에게 편지를 보내 자신의 후임으로 애덤스를 추천했다.

월슨 산 천문대에서 근무하던 시절 새플리는 열두 살이나 많은 애덤스와 뜻이 맞지 않았다. 새플리의 친구이자 바람둥이로 유명했던 반 마넨도 고지식한 애덤스 대장과는 성격이 맞지 않았던 것 같다. 허블은 주위에 크게 관심을 두지 않았다. 하지만 허블의 명성이 높아질수록 천문대에서는 애덤스보다 허블이 더 눈에 띄는 존재가 되었다.

그레이스의 말에 따르면, 허블은 1922년도에만 총 3개월 동안 영국·프랑스·포르투갈 출장을 떠났다. 그리고 앞서 이야기한, 아내와 함께 한 두 달간의 유럽 여행도 있었다. 천문대에서 그레이스의 여행비까지 부담했다. 그동안 애덤스 대장이나 월슨 산 천문대의 다른 천문학자들은 한 달 이상 휴가를 쓰지 못했다. 당연히 허블이 해마다 자리를 비우는 것을 못마땅해하는 동료들도 많았다고 한다.

하지만 당시 허블 부부는 동료들의 불만은 전혀 개의치 않고 화려한 생활을 즐기며 유명 인사를 집으로 초대하기도 했다. 애덤스는 그런 허블에 대한 동료들의 불만을 달래느라 상당히 고생한 듯하다.

영광스러운 순간

다시 천문학에 관한 이야기로 돌아가자. 1924년 11월 23일 허블이 발견한 세페이드형 변광성에 관한 뉴스가 유력 신문인 『뉴욕 타임스』에 실렸다. 기사 제목은 '나선성운은 항성계로 확인, 허벨 박사(철자를 잘못 표기했다)는 이들 천체가 우리가 사는 은하계와 같은 항성계라는 것을 확인했다.' 본문 내용은 다음과 같다.

11월 22일 워싱턴. 밤하늘에 소용돌이치는 구름처럼 보이는 나선성운이 실은 머나먼 항성계라는 것이 카네기 연구소 윌슨 산 천문대의 에드윈 허벨 박사의 관측으로 확인되었다. 천문대 측의 공식 보고에 따르면, 나선성운의 수는 10만 개 이상에 달하며 외관상 그 크기가 별과 거의 구별할 수 없을 정도이기 때문에 안드로메다대성운과 같은 보름달 직경의 약 6배, 각도는 약 3도에 이를 만큼 큰 것도 있다.

허블 박사의 연구는 천체가 매우 어둡기 때문에 윌슨 산 천문대의 1.5미터 망원경과 2.5미터 망원경을 사용한 사진 관측으로 이루어졌다. 이러한 대망원경 덕분에 나선성운의 주변부를 자세히 관찰할 수 있었다고 한다. 허블 박사는 사진 건판을 분석해 안드로메다대성운 M31과 삼각형자리 대성운 M33에서 세페이드형 변광성이라고 불리는 36개의 변광성을 발견했다. 변광성의 변광 주기를 측정해 주기와 절대광도 간의 관계식에 대입하면 이들 대성운의 거리를 구할 수 있다.

그 결과, 이들 성운이 아주 멀리 떨어진 항성계라는 것을 증명해냈다. 이들 성운은 소마젤란성운보다 10배나 먼 곳에 있으며, 그 거리는 대략 100만 광년이다. 초속 30만 킬로미터의 빛조차 이들 성운에서 지구에 도달하기까지 100만 년이 걸린다는 뜻이다. 허블 박사가 관측한 이들 천체의 빛은 제3기 선신세鮮新世 시대에 이 성운을 출발한 빛이다.

이들 성운의 거리가 판명됨으로써 안드로메다대성운의 직경은 4만 5천 광년, M33의 직경은 1만 5천 광년으로 계산할 수 있다. 이러한 크기와 그로부터 추산할 수 있는 질량, 밀도는 우리 은하계와 거의 필적한다.

더 높은 곳을 향해

그 해 미국 천문학회는 1924년 12월 30일부터 워싱턴에서 미국 과학진흥협회와 공동으로 개최되었다. 이를 기념하는 공개 강연으로, 프린스턴대학의 천문대장 헨리 노리스 러셀이 종합보고 강연을 하게 되었다.

러셀은 허블의 연구 성과가 얼마나 중요한지 바로 파악했다. 러셀은 과학 잡지『사이언스 · 서비스』의 편집장에게 쓴 편지에서 허블의 발견을 두고 '올해 최고의 과학 업적이다'라고 말했다고 한다. 러셀은 허블의 연구가 이 학회에서 발표된다면 미국 과학진흥협회상을 받게 될 것이라고 생각했다.

그런데 허블이 아직 논문을 학회에 투고하지 않은 것을 알고 당황한 러셀과 학회 서무이사 스티븐스는 '우리가 대필해서 투고할 테니 지금 당장 중요한 연구 결과를 보내 달라'고 허블에게 전보를 보내기로 했다. 마침 그때 허블이 러셀에게 보낸 논문이 도착했다.

러셀은 이틀 후인 1925년 1월 1일 공개 강연회에서 막 도착한 허블의 논문을 발표했다. 논문 제목은 '나선성운의 세페이드형 변광성'이었다.

그의 논문에서는 먼저, 안드로메다대성운 M31과 삼각형자리 대성운 M33의 외부 영역을 대망원경으로 촬영해 무수히 많은 별들이 모여 있다는 사실을 밝혀냈다는 것을 말했다. 같은 영역을 촬영한 200여 장에 달하는 사진 건판을 자세히 분석한 결과, M31에서 총 46개의 변광성을 발견하고 그중 12개가 세페이드형 변광성이었다는 보고였다. M33에서도 47개의 변광성 중 22개가 세페이드형 변광성이었다. 두 성운의 세페이드형 변광성은 1908년 리비트가 마젤란성운에서 발견한 세페이드형 변광성의 주기광도 관계와 같은 관계를 충족한다는 것도 확인했다. 1918년 섀플리가 확립한 절대광도와 주기 관계를 사용하

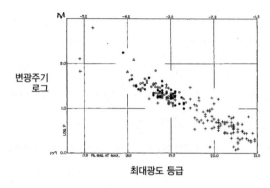

사진 2-10 은하계 외 세페이드형 변광성의 주기광도 관계. 최대광도 등급(가로축)과 변광주기 로그(세로축)의 측정치의 분포. ●검은 점이 M31의 40개, +표시는 섀플리가 구한 소마젤란성운, 다른 표시는 M33과 NGC6822의 세페이드형 변광성. 1929년 ApJ. 69, 103

면 M31과 M33의 거리는 모두 약 93만 광년이 된다(사진 2-10).

허블의 논문이 올해 최대의 성과라는 것은 자명해 보였다. 학회의 평의원회는 허블의 연구가 상을 받기에 마땅하다고 평가하고 러셀에게 수상을 위해 필요한 신청서를 작성하도록 지시했다.

1925년 2월 13일, 미국의 권위 있는 학술잡지 『사이언스』는 과학진흥협회의 수상전형위원회가 올해의 상을 에드윈 허블과 흰개미 연구가 두 사람에게 수여하기로 했다고 발표했다. 『태평양 천문학회지』는 독자들에게 허블의 수상을 널리 알렸다. 1925년 간행된 미국 신사록紳士錄에 처음으로 허블의 이름이 등장했다. 허블은 크게 기뻐하며 2월 19일 러셀에게 감사의 편지를 보냈다.

허블의 연구 성과는 1925년 미국의 과학 잡지『파퓰러 사이언스』4월호에 소개되고 그 후 영국의 잡지『천문대』에도 실렸다.『사이언티픽 아메리칸』지에 매회 칼럼을 쓰고 있던 러셀은 3월호에 허블의 발견에 대한 해설기사를 썼다. 허블의 발견은 전 세계 천문학자들에게 널리 알려지게 되었다.

은하의 회전

한편, 허블의 발견으로 쓰라린 경험을 한 사람은 할로 새플리만이 아니었다. 앞에서도 몇 번 이야기했던, 애드리언 반 마넨도 있다.

반 마넨은 1912년 윌슨 산 천문대에서 연구를 시작했다. 1921년 예비 논문을 발표하고 1923년에는 삼각형자리 대성운 M33의 회전에 관한 논문을 발표했다. 반 마넨이 이 연구에 사용한 사진 건판은 12년 간격으로 촬영된 것이었다. 각각의 건판에 찍힌 항성을 기준으로 여러 방향에서 나선팔의 위치를 측정해 '성운 전체가 회전운동을 하고 있다는 것을 측정하는 데 성공했다'고 보고했다. 반 마넨의 계산으로는 M33이 6만년부터 24만년에 한 번 회전하고 있었다.

반 마넨은 다른 나선성운에서도 동일한 회전이 있다고 보고했으며 당초 많은 천문학자들이 그의 결과를 받아들였다. 반 마넨은 자신의 결과에 자신이 있었지만, 안드로메다대성운과 삼각형자리 대성운에서 세페이드형 변광성이 발견되면서 일이 복잡하게 꼬이기 시작했다. 만약 허블의 거리 측정이 맞는다면, 겉보기 회전운동을 실제 속도로 환산하면 광속을 넘어서기 때문이다.

반 마넨의 의뢰로 건판을 재측정한 태양물리학자 세스 니콜슨이 허블에게 자료를 보여주었을 때 허블은 '측정 결과는 오차 범위에 있으며 반드시 회전한다는 결론을 내릴 수 없다'는 것을 금세 알아챘다. 이러한 회전운동을 정확히 측정하려면 오랜 시간이 필요하다.

그로부터 약 10년 후인 1935년 허블은 20년 간격으로 촬영한 네 은하 M33, M51, M81, M101의 사진을 다시 측정했다. 허블은 윌슨 산 천문대의 니콜슨과 바데에게도 각각 측정을 맡기고 그 결과를 부대장 세레스에게 넘겨 해석을 부탁했다.

만약 반 마넨의 결과가 맞는다면, 건판 상에서 15내지는 20미크론의 회전 이동을 측정할 수 있을 터였다. 그런데 측정 오차의 1미크론 이상 유의미한 위치 변화는 없었다.

이렇게 반 마넨의 측정 결과가 틀렸다는 것이 밝혀졌다. 나선성운은 은하계 안의 작은 성운이 아니라 우리가 사는 은하계 밖에 있으며 은하계와 비슷한 규모의 독립된 은하라는 것을 모두가 받아들이게 된 것이다.

하지만 반 마넨이 측정한 은하의 회전운동이 '날조'된 것은 아니었다. '은하가 회전할 것'이라는 주관이 무의식 중에 측정에 영향을 미친 것으로 보인다(사진 2-11).

최근 공신력 있는 학술지에서는 제삼자인 전문가가 논문 내용을 평가하는 제도를 채용하고 있지만 외부 전문가 역시 완벽할 수는 없다. 과학계에서는 완전히 독립된 연구자의 같은 결과가 보고되었을 때 비로소 그 신뢰성이

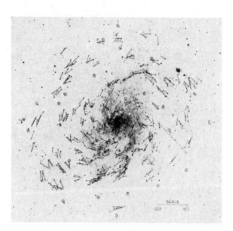

사진 2-11 반 마넨이 측정한 나선은하 M33의 회전운동 자료. 각 점의 회전운동의 방향과 크기를 화살표로 나타냈다. 1923년 ApJ. 57, 264

높아진다.

원래부터 사이가 좋지 않았던 허블과 반 마넨의 불화는 더욱 깊어졌다. 여기에 대해서는 나중에 자세히 다루기로 한다.

단층 위의 집

결혼 2년째인 1926년 봄, 윌슨 산이 보이는 우드스톡 거리 1340번지에 허블 부부가 고대하던 스페인풍의 새 집이 완성되었다. 산타바바라 연구소와는 3킬로미터 거리였다.

새 집은 수십 미터의 단층 절벽 위에 지어졌다. 이를 재미있게 여긴 허블이 손님이 올 때마다 이야기했다고 한다. 캘리포니아공과대학의 지질학자였던 지인이 이 단층에 '허블-헌팅턴 단층'이라는 이름을 붙였다는 이야기를 듣고 무척 기뻐했다고 한다. 새 집의 서재는, 단을 낮춰 꾸민 거실 끝에 만들었다. 서재 벽에는 뉴턴과 같은 위대한 과학자의 초상화를 걸고 책장에는 다양한 파이프와 담배가 놓여 있었다.

보조 천문학자에서 정식 천문학자로 승진한 허블은 급여도 3배가량 올라 연봉 4,300달러를 받았다. 미국 물가지수 통계를 바탕으로 2016년 수준으로 환산하면, 연봉 약 6만 달러에 상당한다. 새 집의 건축 비용은 그레이스의 부모에게서 받은 결혼 축하금으로 해결한 데다 그레이스도 상당한 자산을 가지고 있었기 때문에 경제적으로는 전혀 걱정할 필요가 없었다.

관측이 있는 날에는 아침식사를 마친 후 신문도 읽지 않고 '제343대장 허블 소령'이라고 쓰인 가방에 갈아입을 옷과 담배, 책, 손전등 등을 넣고 집을 나섰다.

만사가 순조롭던 허블 부부에게 더 기쁜 일이 생겼다. 37세의 그레이스가 아이를 가진 것이었다. 하지만 기쁨은 오래 가지 않았다. 허블이 윌슨 산에서 관측을 하고 있을 때, 몸 상태가 좋지 않았던 그레이스가 유산을 하고 만 것

사진 2-12 허블 부부가 살았던 집. 2008년 저자 촬영

이다. 뱃속의 아이는 남자아이였다고 한다. 다부진 성격의 그레이스는 '관측에 방해가 되지 않도록' 남편이 돌아올 때까지 의사에게 아무 말도 하지 못하게 했다. 아내의 유산을 알게 된 허블은 크게 상심했지만 자신에 대한 그레이스의 배려를 알게 되면서 두 사람의 사랑은 더욱 깊어졌다.

참고로, 이 집은 허블이 세상을 떠난 후에도 그레이스가 계속 살다 1973년경 매각되어 다른 사람의 소유가 되었다. 약간의 증개축이 있었지만 1976년 역사 건축물로 지정되어 지금까지 당시의 모습이 보존되어 있다. 일전에 우편으로 현 소유자에게 인터뷰 요청을 한 적이 있었지만 회답이 없었다.

'객성'의 정체

1928년 봄, 허블은 4년 만에 영국을 방문했다. 3월 9일에는 왕립 천문학회에 출석해 에딩턴, 진스 등 영국을 대표하는 천문학자들의 환대를 받았다. 그 해 7월에는 네덜란드의 라이덴에서 열린 제3회 국제 천문연맹총회에 참석해 성운위원회 위원장으로 선출되었다.

같은 해, 허블은 미국 천문학회가 발행하는 회지에 종합해설논문을 게재했다. 이 논문에서 그는 게성운에 대해 기술했다.

1054년 황소자리에 '객성'이라고 불리는 밝은 별이 나타났다. 이 별은 일본을 대표하는 고전문학인『오구라햐쿠닌잇슈小倉百人一首』의 가인으로 유명한 귀족 후지와라노 데이카藤原定家가 쓴『메이게쓰키明月記』나 중국의 기록에도 남아 있다. 1920년대에 이미 게성운이 그 '객성'과 매우 가까운 위치에 있다는 주장이 있었다. 당시의 천문학자 존 던컨 등은 이 성운이 팽창하고 있다는 것을 밝혀내고, 팽창속도를 측정하는 데도 성공했다.

허블은 팽창운동을 거꾸로 거스르면 언제 폭발이 일어났는지를 알아낼 수 있다고 생각했다. 그리고 그 팽창속도로 성운의 폭발이 약 900년 전에 일어났다는 것과 그 시기가 '객성'이 나타난 시기와 일치한다는 것을 증명했다. 이렇게 허블은 게성운과 '객성'이 위치뿐 아니라 시대적으로도 관계가 있다는 것을 증명했다.

참고로, 가시광선(사람의 눈으로 볼 수 있는 빛)만 가능했던 관측에서 전파나 X선을 통한 관측이 가능해진 그 후의 천문학의 역사 속에서 게성운은 늘 중요한 역할을 해왔다. 게성운은 태양을 별개로 하면, 전파를 내는 전파원으로서 최초로 분류되었다. 최초로 확인된 X선 천체이기도 하다.

게성운 안에는 주기가 매우 짧은 펄스상 전파를 방출하는 천체 '펄서'가 있다. 정확한 주기로 신호가 들어왔기 때문에 '우주 문명이 보내는 신호인가?'라며 화제가 되기도 했지만 현재는 초신성 폭발로 중심에 남은 중성자별이 고속 회전을 하며 마치 등대처럼 빛을 방출하는 천체라는 것이 밝혀졌다. 중성자별은 태양을 직경 10킬로미터로 압축한 정도의 고밀도 별로, 강한 자기장에 사로잡힌 전자가 광속에 가까운 속도로 뿜어져 나오며 독특한 빛(전파)을 방출하는 천체이다.

구상성단 발견

허블의 발견은 계속되었다. 그는 안드로메다은하가 가장 선명하게 찍힌 사진 건판을 분석해 항성보다 더 크게 보이는 천체를 다수 발견했다. 그중 하나에서 시선속도를 측정할 수 있었는데, 안드로메다은하 자체의 속도와 거의 같고 음의 값을 갖는다는 것이 확인되었다. 이 천체는 안드로메다은하에 속한 '구상성단'이라는 의견이 지배적이었다. 구상성단은 10만 개 정도의 항성이 둥글게 밀집해 있는 성단으로, 우리 은하계에는 150개 정도가 있다.

허블은 안드로메다은하에 있는 140개의 구상성단을 자세히 조사했다. 그 결과 '이들 천체가 은하계의 구상성단과 모든 점에서 비슷하긴 하지만 구상성단에 비해 평균적으로 다소 어둡다'는 것을 알아냈다. 마찬가지로, 신성의 밝기도 은하계의 신성보다 어둡게 보인다고 지적했다. 이것은 실로 중요한 의미를 갖고 있었다. 하지만 자신의 관측보다 안드로메다은하의 거리가 2배 이상 더 멀다는 것을 당시의 허블은 상상도 하지 못했다.

1932년 겨울, 허블은 안드로메다은하에 관한 연구를 완성했다. 그 후, 허블은 더 먼 은하에 관한 연구를 시작하게 된다.

칼럼 2 밤샘 작업

'무슨 일을 하세요?'라는 물음에 '천문학자입니다'라고 대답하면 '매일 밤하늘을 바라보는 일이라니, 낭만적이네요'라는 말을 들을 때가 종종 있다.

허블의 시대와 달리 지금은 천문학자가 많아서 실제 망원경으로 관측하는 것은 한 해에 많아야 열흘 밤 정도이다. 관측이 있는 날은 주말에 관계없이 밤샘 관측을 끝내면 천문대 숙소에서 오후까지 잠을 자고 이른 저녁을 먹은 뒤 다음 관측을 준비한다.

1999년 일본이 하와이에 건설한 '스바루 망원경(일본 국립천문대 하와이 관측소)'의 경우, 반년마다 150건 정도의 관측제안서가 접수된다. 이를 국제 전문가가 심사하고 가치 있는 제안에 관측시간을 분배한다. 그 경쟁률이 약 3배에 달한다. 또한 대상 천체를 관측하기 좋은 조건이 갖춰지는 것은 특정 계절에 한정된다. 날씨가 좋지 않으면 관측을 못하고 다음 해까지 기다려야 한다.

관측 자료를 얻는다 해도 그것을 분석해서 영어 논문으로 작성하고 심사를 거쳐 발표하기까지 상당한 노력과 시간이 필요하다. 실제, 수 시간의 관측으로 얻은 자료를 대학원생이 학위논문의 주제로 수년에 걸쳐 분석하는 일도 드물지 않다.

여담이지만, 오래 전 내 강연회에 참석한 한 노부인이 "실은 나도 젊을 때는 천문학자가 되고 싶었는데, 어머니가 '밤샘하는 일'은 안 된다고 반대하셔서 어쩔 수 없이 포기했다"는 이야기를 한 적이 있다. 후에 그 분이 망원경 계획에 써달라며 200만 엔의 기부금을 낸 것을 알고 깜짝 놀라 감사 인사를 드리려고 찾아갔더니 간사이 지방의 유명대학에서 여성 최초로 박사학위를 취득하고 사업가로서도 크게 성공한 분이었다.

'밤샘 작업'이 많은 관측 천문학 연구는 최근까지 여성들이 쉽게 접근하기 힘든 연구 분야였지만 요즘은 여성 천문학자도 점점 늘어나고 있는 추세이다.

제3부
우주는 팽창한다!

일본통 대부호와 화성의 '운하'

여기서 잠시 시대를 거슬러 올라가, 허블이 성공에 이르기까지 당시의 우주론과 천문학상의 중요한 발견을 살펴보자.

먼저, 보스턴의 대부호였던 퍼시벌 로웰이 있다. 중년에 접어든 그는 사업만으로 만족하지 못했는지 인생의 방향을 크게 바꾼다. 그 시작은 밀라노의 천문대장 조반니 스키아파렐리가 화성 표면에 보이는 무수한 선형을 이탈리아어로 강줄기나 개울을 뜻하는 'Canali'라고 명명하고 이것이 영어로 인공적인 운하를 가리키는 'Canal'로 번역되면서부터였다. 1894년 로웰은 사막 도시인 애리조나 주 플래그스태프에 사설 천문대를 세우고 화성의 '운하' 관측에 뛰어들었다(사진 3-1).

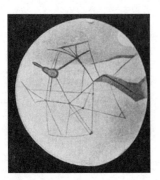

사진 3-1 로웰이 그린 화성의 운하 스케치

로웰은 '화성에 지적 생명체가 만든 운하가 있다!'고 주장하며 그 스케치를 발표했다. 화성의 '운하'는 세계적인 논쟁을 불러일으켰으며, 영국 작가 H. G. 웰스의 공상과학 소설 『The War of the Worlds (우주전쟁)』(1898년)의 소재가 되기도 했다(사진 3-2).

사진 3-2 웰스의 『우주전쟁』 1927년판 표지. 화성인이 문어와 같은 형태로 그려지게 된 계기가 되었다

하지만 로웰이 육안 관측으로 스케치한 수많은 운하의 존재를 확인한 사람은 없었다. '은하는 회전한다'는 반 마넨의 집착이 나선성운의 측정 결과에 영향을 미친 것처럼 '운하가 있다'는 강한 믿음이 로웰로 하여금 환영을 보게 한 것이 아니었을까.

로웰은 천체 분광 관측의 중요성을 깨닫고 1900년경 고급 분광기를 주문했다. 그는 화성의 생명뿐 아니라 태양계의 기원에도 흥미를 갖고 있었던 것이다. 당시 '나선성운은 태양계와 같이 진화하는 과정'이라는 가설도 있었기 때문에 로웰은 그의 천문대에 새로 들어온 베스토 멜빈 슬라이퍼와 함께 안드로메다대성운의 회전운동을 측정하기 시작했다.

또한 로웰은 훗날 해왕성 궤도의 오차로 '행성 X'의 존재를 예측했다. 그의 예측으로 훗날 명왕성(현재는 행성이 아닌 준행성으로 분류된다)이 발견되었다.

여담이지만, 이국의 문화에 이끌린 로웰은 메이지 시대(1868~1912년) 일본을 다섯 차례나 방문해 총 3년 정도 머물렀다. 당시 노토 반도를 여행하며 쓴 기행문 등이 남아 있다.

다가오는 안드로메다대성운, 멀어지는 처녀자리 나선성운

1912년 10월 17일, 슬라이퍼는 약 7시간의 노출 끝에 처음으로 안드로메다대성운의 스펙트럼을 촬영하는 데 성공했다. 회전운동을 측정할 목적이었지만, 놀랍게도 안드로메다대성운이 초당 300킬로미터의 엄청난 속도로 태양계에 가까워지고 있다는 것을 발견한 것이다. 게다가 다음으로 측정한 처녀자리의 나선성운 NGC4594는 초당 1천 킬로미터의 속도로 멀어지고 있었다.

더 어두운 다른 성운의 촬영에는 수십 시간에 이르는

노출이 필요했다. 슬라이퍼는 1914년 말까지 15개 성운의 속도를 측정하고 그 결과를 미국 천문학회에서 발표했다. 이 학회는 허블이 처음 참가한 학회였다.

슬라이퍼의 측정 결과는 1915년 천문 잡지 『포퓰러 사이언스』 1월호에 실렸다. 그가 측정한 성운은 모두 초당 200~1,100킬로미터에 이르는 엄청난 속도로 움직이고 있었다. 빠른 속도도 놀라웠지만 안드로메다대성운 이외의 거의 모든 성운이 멀어지고 있다는 것이 더욱 놀라운 보고였다.

다만, 나선성운이 은하계에서 떨어져 나간 천체인지 은하계 밖에 있는 천체인지는 그 거리를 알 수 없었기 때문에 결정할 수 없었다. 천문학상의 난제였던 '거리 문제'가 여기서도 수수께끼를 풀 열쇠가 되었다. 허블은 이때 나선성운의 거리를 측정하는 것이 중요한 과제라는 것을 깨달았을 것이다.

슬라이퍼는 1917년까지 속도를 측정한 성운의 수를 25개로 늘리며 '거의 모든 성운군은 초당 500킬로미터에 이르는 속도로 멀어지고 있다'는 결론을 내렸다. 이 사실은 나선성운이 뿔뿔이 흩어지고 있다는 것을 의미하는 것일

까? 하지만 천구상의 성운 분포(오늘날에는 은하단으로 알려졌듯이)를 보면 집단을 이루고 있는 것이 있었다. 이 현상들은 매우 모순되어 보였다. 의문은 더욱 깊어졌다.

사진 3-3 알베르트 아인슈타인

아인슈타인의 등장

실은 마침 이 무렵, 유럽에서는 중요한 이론적 연구가 있었다. 베를린의 알베르트 아인슈타인은 1915년에 완성한 일반상대성이론을 바탕으로 우주 모델의 방정식을 이끌어내고 '정적인 우주'를 가정해 그 식을 풀었다(사진 3-3).

아인슈타인은 우주가 정적이라는 답을 구하기 위해 중력에 대항하는 가상의 반발력을 방정식에 집어넣었다. '우주항(람다항)'이라는 이름이 붙여진 이 항은 물리적 근거가 없으며 정적인 우주를 이끌어내기 위해 편의상 도입한 것이었다. 훗날 아인슈타인은 우주항의 도입을 '일생 최대의 실수'라고 후회했지만, 현대 우주론에서는 '암흑에너지'라는 이름으로 바뀌어 그 존재를 인정하고 있는 추세이다.

한편, 1917년 네덜란드의 빌렘 드 지터는 아인슈타인의 정상해定常解 이외에도 정상이 아닌 해가 있다는 것을 깨달았다. 예컨대, 우주의 평균 밀도가 매우 낮은 경우에는 아인슈타인이 가정한 반발력이 중력보다 우세해지므로 우주는 팽창한다. 은하가 서로 멀어지는 '팽창운동'이 있으면, 스펙트럼선은 파장이 짧은 푸른색에서 파장이 긴 붉은색 쪽으로 치우친다. 드 지터는 그의 논문에서 이 현상을 처음으로 '적색편이赤色偏移'라고 불렀다.

1916년 영국을 대표하는 과학자 아서 에딩턴 경에게 아인슈타인의 일반상대성이론 논문을 보낸 사람도 다름 아닌 드 지터였다. 아인슈타인의 연구가 얼마나 중요한지를 한눈에 알아본 에딩턴은 1919년 5월 29일의 개기일식 관측계획을 세웠다. 아인슈타인의 이론을 확인하려면 개기일식으로 달에 가려진 태양 주위의 별들을 촬영해 태양의 중력으로 이 별들의 빛이 굴절되는 양을 측정하면 될 것이라고 생각한 것이다.

수개월의 준비를 거쳐 서아프리카 기니 만 앞바다의 프린시페 섬에 파견된 두 팀의 영국 관측대는 개기일식 당일 큰비를 만나게 된다. 하지만 기적처럼 날씨가 조금씩 회복되면서 옅은 구름 사이로 간신히 일식을 촬영할 수 있었다.

에딩턴은 몇 장의 사진에 찍힌 별의 위치를 측정한 결과, 아인슈타인의 예측대로 별의 위치가 바뀐 것을 확인했다. 아인슈타인의 이론이 극적으로 증명되는 순간이었다. 일반상대성이론이 관측적으로 증명되었다는 소식은 순식간에 전 세계로 퍼졌다.

천문학 조수가 된 '사자 사냥꾼'

조금 다른 이야기이지만, 이쯤에서 윌슨 산 천문대의 관리인에서 관측 조수가 되어 허블을 도왔던 밀턴 휴메이슨에 대해 소개하기로 하자. 휴메이슨은 14세에 학업을 중단하고 윌슨 산 천문대 건설 현장에서 자재를 옮기는 노새꾼으로 일했다. 그는 20세에 천문대 전기 기술자의 딸과 결혼했다. 윌슨 산에는 종종 살쾡이가 나타나곤 했는데, 그의 장인이 기르던 염소를 습격한 일로 덫을 설치했다. 어느 날, 덫을 놓은 근처에서 살쾡이를 맞닥뜨린 그는 재빨리 소총을 쏴 살쾡이를 잡았다. 그 일로 휴메이슨은 '사자 사냥꾼'이라는 별명으로 불리게 되었다.

1917년부터는 월급 80달러의 천문대 관리인이 되었다. 태양 물리학자인 세스 니콜슨에게 관측에 필요한 수학을 배운 그는 1919년 천문학자 윌리엄 헨리 피커링이 행성 X의 예상 위치를 발표한 무렵부터 그 영역의 사진을 찍기 시작했다. 1930년 로웰 천문대의 클라이드 톰보가 명왕성 발견을 발표한 후, 니콜슨과 그의 동료들은 휴메이슨이 촬영한 사진을 재분석해 명왕성이 이동한 것을 확인했다.

결벽에 가까울 정도로 깔끔한 성격에 매사에 꼼꼼하고 책임감이 강했던 휴메이슨은 1922년 천문학 조수로 승진했다.

허블은 휴메이슨과 함께 나선은하의 스펙트럼 관측을 시작했다. 당시 은하의 속도를 측정하던 슬라이퍼는 은하의 거리를 구하는 방법은 모르는 상태였다. 허블은 세페이드형 변광성으로 거리를 알게 된 은하의 속도를 측정하기로 했다.

허블은 로웰 천문대의 망원경보다 큰 윌슨 산 천문대의 망원경으로 슬라이퍼가 측정하지 못한 나선은하를 노렸다. 처음 고른 나선은하를 관측할 당시, 휴메이슨은 살을 에는 듯한 추위 속에서 이틀 밤을 꼬박 망원경을 조정했다. 촬영 후 현상된 스펙트럼을 측정한 허블은 칼슘 원자 고유의 H선과 K선이라는 스펙트럼 암선의 위치로 초당 3,000킬로미터의 적색편이를 보이는 것을 확인했다. 그때까지 슬라이퍼의 최대 기록보다 초당 1,800킬로미터나 빠른 속도로 멀어지고 있었던 것이다.

그 후에도 장시간에 걸친 관측이 계속되자 인내심 깊은 휴메이슨도 결국 견디지 못하고 '그만두고 싶다'는 말을 꺼냈다. 하지만 천문대장 헤일이 고효율의 새로운 분광기를 만들겠다는 약속으로 설득했기 때문에 휴메이슨은 고된 관측을 계속할 수밖에 없었다. 1920년대 말 그가 촬영한 스펙트럼 사진은 노출 시간이 점심시간을 빼면 일주일이나 되는 일도 종종 있었다.

우주는 팽창할까?

앞서 말한 바와 같이, 1917년 아인슈타인은 일반상대성 이론에 근거한 우주 모델로서 우주항을 도입한 '정상 우주 모델'을 발표했다. 한편, 드지터는 '영원히 팽창하는 우주 모델'을 발표했다.

러시아의 수학자 알렉산드르 프리드만은 1922년 우주의 구조와 진화를 보여주는 보다 일반적인 방정식을 이끌어내고 그 해를 구했다. 1924년에는 프리드만도 자신의 방정식에 중력의 영향을 약화시키는 '우주 척력(람다항)'을 도입했다. 그가 얻은 해는 아인슈타인의 해나 드 지터의 해까지 포함하는 보다 일반적인 우주 모델이었다.

우주 척력이 없으면, 우주 최초의 상황에 따라 팽창이 계속될 것인지 아니면 수축으로 돌아설지가 결정된다. 우주 척력을 적절히 조절하면, 특별한 경우 아인슈타인의 정상 우주모델이 도출된다. 반대로 우주의 밀도가 너무 낮아서 중력보다 반발력이 큰 경우에는 드 지터가 구한 우주모델이 된다.

프리드만의 방정식은 우주의 물질 운동을 기술할 뿐 아니라 공간의 기하학 혹은 우주의 곡률 변화까지도 기술하고 있다. 아인슈타인은 1922년 9월 『물리학 신보』에 '프리드만의 논문은 잘못되었다'는 편지를 보냈다. 하지만 1923년 3월에는 '내가 오해했다, 프리드만의 결과는 정확하다'는 짧은 정정 보고를 발표했다.

1927년 에딩턴의 제자였던 조지 르메트르는 기본적으로 프리드만과 같은 연구를 했다. 그리고 르메트르도 '우주는 정적이지 않다'는 결론을 내렸다. 그리 유명하지 않은 벨기에 잡지에 프랑스어로 실린 르메트르의 논문은 연구자들의 이목을 끌지 못했다. 이 일로 최근 과학사상의 논쟁이 벌어졌는데, 그 내용은 다음에 설명하기로 하자.

천문학자와 물리학자

천문학계에서 일반상대성이론을 토대로 성립한 우주 모델이 논의되기까지는 많은 시간이 걸렸다. 1923년에 출간된 에딩턴의 『상대성이론의 수학』 덕분에 1920년대 중반에는 다소 양상이 달라지기는 했지만 그때까지 대부분의 천문학자는 아인슈타인이나 드 지터에 대해 모르고 있었다.

1923년 독일의 수학자 헤르만 바일은 '드 지터의 우주모델에 의하면, 은하는 각각의 거리에 비례하는 속도로 멀어질 것이다'라고 예측했다. 실제로 H.로버트슨은 1928년에 허블의 1926년 자료에서 구한 거리와 슬라이퍼가 구한 속도를 사용해 '거리와 속도가 거의 비례한다'는 결론을 얻었다. 당시 허블이 로버트슨의 연구 결과를 알고 있었는지는 알 수 없지만 허블의 논문에서 이 선행연구에 대한 언급은 없었다.

허블은 드 지터를 만난 적이 있었기 때문에 그의 연구를 접할 기회가 있었지만 프리드만이나 르메트르의 연구에 대해서는 한참동안 알지 못했던 것 같다. 실은, 허블의 발견 이후 그에 관한 논의가 시작되었을 무렵에도 대부분의 천문학자는 우주모델 이론에 대해 잘 모르거나 관심을 기울이지 않았다.

고대하던 결과

1928년 허블은 먼 은하일수록 속도가 빨라진다는 것을 확인하기 위해 관측 후보로 삼을 은하의 목록을 만들었

사진 3-4 파이프 담배를 물고 포즈를 취한 허블. 1930년경 COPC 2904

다. 관측에는 당시 세계 최대의 망원경과 휴메이슨의 기량과 인내력 그리고 헤일이 약속한 새로운 분광기가 필요했다. 같은 해, 새 분광기가 완성되자 먼저 슬라이퍼가 관측한 가까이 있는 밝은 은하를 관측해 거의 같은 속도의 결과가 나오는 것을 확인했다.

다음으로, 휴메이슨은 아직 아무도 관측하지 않은 페가수스자리 은하단에 있는 NGC7619은하를 노렸다. 36시간, 45시간의 노출로 얻은 스펙트럼 사진 건판을 현상하자 특징적인 흡수선의 위치에서 시선속도가 초당 약 3,800킬로미터에 이르는 것을 확인할 수 있었다. 허블이 간절히 바라던 결과였다.

역사적인 논문——허블의 법칙

1929년 3월, 국립과학원『기요紀要(연구기관에서 정기적으로 펴내는 학술잡지)』에는 두 개의 논문이 실렸다. 휴메이슨이 측정한 NGC7619 은하의 시선속도 측정 보고와 허블의 '은하계 외 은하의 거리와 시선속도의 관계'를 다룬 총 6쪽의 논문이다. 현재, 허블의 이 짧은 논문은 천문학 역사에 가장 중요한 논문 중 하나로 꼽힌다.

허블은 총 46개 은하의 속도 자료를 얻었다. 그중, 안드로메다은하와 그 위성은하 또 삼각형자리은하 등 비교적 거리가 가까운 몇몇 은하는 시선속도가 음의 값으로 은하계에 가까워지고 있었지만 대부분은 양의 값으로 멀어지고 있었다. 멀리 있는 은하는 그 속도가 초당 3,800킬로미터에 달하는 것도 있었다. 다만, 그중에서 세페이드형 변광성으로 거리를 측정할 수 있었던 것은 7개에 불과하며 13개는 은하의 가장 밝은 별의 광도로 거리를 측정하고, 처녀자리 은하단의 은하 4개는 밝은 별이나 성운의 광도로 그 거리를 측정했다.

이 역사적인 논문의 도표에는, 이들 24개 은하의 거리와 속도의 측정치와 그 비례관계가 직선으로 나타나 있다

(사진 3-5). 지금처럼 제삼자에 의한 엄격한 심사제도가 정착한 시대였다면, 이 비례관계의 유의성에 대한 검증 요구로 출판이 중단되었을지도 모른다. 하지만 결과적으로 허블의 이 도표는 우주 팽창의 증거로 받아들여지게 되었다. 허블은 그 비례계수를 기호 K로 나타내고 약 500킬로미터/초/메가파섹이라고 발표했다. 여기서 '메가파섹'은 100만 파섹이라는 거리의 단위로, 326만 광년에 해당한다. 이는 은하의 거리가 100만 파섹 멀어질 때마다 멀어

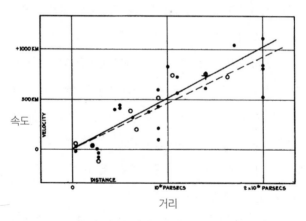

사진 3-5 허블이 측정한 24개 은하의 거리(가로축)와 속도(세로축) 관계를 나타낸 역사적인 논문. 1929년 PNAS. 15, 168

지는 속도가 초속 500킬로미터의 비율로 늘어난다는 것을 의미한다.

허블은 남은 22개 은하에 대해서도 은하의 겉보기등급을 거리의 기준으로 하면, 속도가 초당 3,800킬로미터에 달하는 NGC7619 은하까지 이 비례관계의 연장선상에 있다고 지적했다. 그리고 이 논문의 마지막 부분에는 '가장 놀라운 점은 속도거리관계가 드 지터가 예측한 우주론과 일치하는 것'이라고 썼다.

이 속도 V와 거리 r의 비례관계 $V = Hr$은 '허블의 법칙'이라고 불린다. 이것은 천체가 지구로부터 멀어지는 속도와 거리가 정비례하는 것을 나타내는 법칙으로, 이 논문으로 오늘날 정설이 되어 있는 '우주는 팽창한다'는 사실이 확인된 것이다.

한편, 이를 최초로 '허블의 법칙'이라고 부른 것은 캘리포니아공과대학의 리처드 톨먼이라고 알려졌다. 허블이 사용한 비례상수 K는 현재 허블상수라고 불리며 그의 이름을 딴 기호 H로 표시한다.

확실한 증거

1929년 6월 말, 허블은 미국 천문학회 회의에서 머리털자리의 거대한 은하단의 거리를 측정한 결과를 보고했다. 머리털자리 은하단을 이루는 1,000여 개의 은하는 처녀자리 은하단의 은하에 비해 매우 어두웠다. 그 광도로 추정한 머리털자리 은하단의 거리는 5,000만 광년 즉, 처녀자리 은하단의 7배나 되었다.

학회가 열리기 전, 휴메이슨이 머리털자리은하 세 곳의 속도를 측정해 대략 초당 7,500킬로미터라는 값을 얻었다. 이 속도와 거리는 허블이 발표한 비례관계가 더 먼 천체에서도 성립한다는 것을 뒷받침하는 결과였다.

항의 편지

1929년 네덜란드의 천문학회지 5월호에 드 지터의 논문이 실렸다. 이론가 드 지터가 자신의 팽창 우주 이론을 증명하기 위해 이미 출판된 관측 논문에서 은하의 거리와 속도 자료를 모아 분석한 내용이었다. 물론 '이론가가 관측 자료를 분석한 논문을 써서는 안 된다'는 규정은 없었지만, 영역 침해라고 느낀 허블은 드 지터에게 다음과 같은 항의의 편지를 보냈다.

은하의 속도거리관계를 이론적으로 지적한 사람은 당신이 최초라고 생각합니다. 하지만 이 관계를 관측적으로 증명한 것은, 1929년 발표한 우리의 논문이 최초입니다. 속도거리관계의 정식화와 실험 및 확인은 윌슨 산 천문대의 업적이므로 우리가 논문을 출판하는 것이 마땅하다고 생각합니다.

이 일에서도 알 수 있듯이, 허블은 자신의 업적에 대한 대우와 평가에 굉장히 민감했던 것 같다.

더 먼 은하의 관측

허블과 휴메이슨은 2.5미터 망원경으로 더 먼 은하를 찾아 나섰다. 두 사람은 큰곰자리 은하단에 주목했다. 허블은 이 은하단의 은하가 지닌 밝기로 미루어, 시선속도가 초당 12,000킬로미터에 이를 것이라고 예측했다. 흡수선의 측정 결과는 초당 11,800킬로미터였다. 사자자리 은하단은 그보다 1등급 정도 어둡고, 속도는 초당 19,700킬로미터에 달했다.

휴메이슨은 2.5미터 망원경 관측대에서 며칠 밤을 추위와 싸우며 망원경을 조정했다. 미세한 수정이 필요할 때에는, 어깨로 망원경을 조금씩 밀거나 체중을 실어 조정하기도 했다.

1936년 휴메이슨은 새로운 은하단의 은하를 포함한 100개의 은하의 속도를 측정한 결과를 발표했다(사진 3-6). 쌍둥이자리 은하단은 초당 24,000킬로미터, 마차부자리의 은하단은 초당 39,000킬로미터였다. 큰곰자리 은하단의 한 은하에서는 초당 42,000킬로미터라는 기록적인 속도를 확인했다. 역시 허블의 법칙은 멀리 있는 천체에서도 성립했던 것이다.

휴메이슨은 훗날 그의 회고록에 이렇게 썼다.

더 어두운 은하단의 속도를 측정하면, 관측 가능한 우주의 범위를 넓힐 수 있다. 하지만 2.5미터 망원경으로 대략 17.5등급보다 어두운 은하는 측정할 수 없다. 적색편

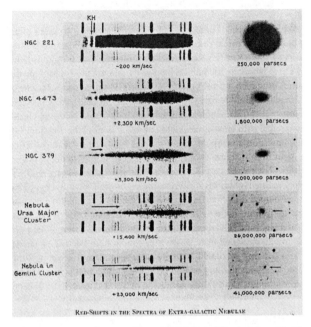

사진 3-6 휴메이슨의 논문에 실린 적색편이를 나타낸 그림. 맨 윗줄 안드로메다은하(M31＝NGC221)의 스펙트럼에서 보이는 칼슘 고유의 흡수선(H선과 K선)의 파장이 멀리 있는 은하일수록 길게 나타나고, 오른쪽으로 이동하면서 커다란 적색편이를 보인다. 1936년 ApJ. 83, 10

사진 3-7 윌슨 산 천문대의 2.5미터 후커 망원경. 왼쪽 승강대
에 허블이 애용하던 의자가 놓여 있다. 1940년경 COPC 387

이가 커져서 H선이나 K선이 사진 건판의 감도가 낮은 적
외선 파장 영역으로 이동하기 때문에 2.5미터 망원경으
로도 목표 은하를 육안으로 확인할 수 없고 분광기 슬릿
에 빛을 통과시키기도 어렵다.

2.5미터 망원경은 측정 가능한 한계치까지 능력을 발휘
했던 것이다(사진 3-7).

이론가가 아닌 관측가로서

허블의 발견은 위대한 업적이었다. 하지만 그는 이론가가 아닌 순수한 천체 관측가였다.

당시, 적색편이는 우주 팽창에 따른 '도플러 효과'로 볼 수 있다는 해석이 있었다. 구급차가 사이렌을 울리며 다가올 때는 높고 날카롭게 들리던 소리가 멀어질수록 낮아지는 것은 음파의 파장이 길어지는 '도플러 효과'의 대표적인 예이다. 멀어지는 은하에서 나오는 빛도 파장이 길어지면서 붉은색 쪽으로 치우치는 '적색편이'가 나타난다는 것이었다.

하지만 허블은 '적색편이는 팽창 운동의 결과가 아니라 우주의 광대한 공간으로 뻗어나가는 광자의 힘이 약해지면서 일어나는 현상'이라는 캘리포니아공과대학 프리츠 츠비키의 가설에 마음이 기울었던 것 같다.

그리고 1931년에는 '관측가의 영역을 침범했다'며 항의의 편지를 보낸 이론가 드 지터에게 이런 편지를 썼다.

은하의 속도와 거리에 관한 저희 논문에 경의를 표해주신 일은 감사하고 있습니다. 저희는 비례관계가 경험적인 것이라는 것을 강조하기 위해 '겉보기 속도'라는 말을 사용합니다. 이 관계의 해석은 당신을 비롯한 유능한 이론가들에게 맡겨야 한다고 생각합니다.

적색편이에 관한 해석은 금방 결론날 것 같지 않았다. 일반상대성이론을 바탕으로 한 팽창 우주모델의 관측적 증명이 구체적인 과제가 되었다.

열린 우주, 닫힌 우주, 빅뱅

아인슈타인이 도입한 우주항이 0으로 반발력이 없는 우주모델은 크게 '열린 우주'와 '닫힌 우주'로 나뉜다. 말하자면, 우주의 평균 밀도가 낮고 중력이 우주의 팽창을 완전히 멈추지 못하면 우주는 영원히 팽창하는 '열린 우주'가 된다. 한편, 밀도가 높고 중력이 강하면 언젠가 팽창이 멎고 수축으로 돌아서는 '닫힌 우주'가 된다. 이 두 우주모델의 경계인 평균 밀도를 '임계 밀도'라고 한다. 우주의 평균 밀도와 임계 밀도가 거의 같은 모델은 매우 특별한 경우로, 그 3차원 공간은 유클리드 기하학으로 기술할 수 있다.

팽창 우주모델에서는, 시대를 거슬러 올라갈수록 은하와 은하 사이의 거리가 가깝고 평균 밀도는 높았을 것이다. 즉, 과거의 어느 시점에는 밀도가 무한대였다는 말이다. 밀도가 무한대가 되는 순간이 곧 우주의 팽창이 시작된 순간이며, 이러한 우주상은 훗날 '빅뱅' 우주론이라고 불리게 된다.

빅뱅에 의한 우주의 탄생은 과연 얼마나 오래된 일일까? 허블의 법칙 'V = Hr'에 의하면, 팽창 속도가 일정하다고 볼 때 허블상수 H의 역수 1/H는 시간의 차원을 지니며 그 시간만큼 거슬러 올라가면 모든 은하는 단 하나의 점으로 모이게 된다.

실제로 팽창은 중력에 의해 감속되기 때문에 과거에는 팽창 속도가 훨씬 빨랐을 것이고 우주의 나이는 1/H로 기술되는 나이보다 줄어들 것이다. 허블이 구한 H의 값을 이용하면, 우주의 나이가 불과 20억 년이라는 결과가 나온다.

우주 나이의 역설

1930년대 초, 지구 물리학자들은 우라늄이라는 방사성 원소의 반감기 측정치로 지구의 나이를 20억~60억 년이라고 추정했다. 같은 해, 에딩턴은 1/H로 구한 우주의 나이가 방사성 동위원소로 추정한 지구의 나이에 가깝고, 당시 항성의 수명이라고 생각했던 1조 년과 큰 차이가 있다는 것을 발견했다. 1조 년이라는 수명은, 항성의 질량을 모두 방사 에너지로 전환하는 데 걸리는 시간으로 얻은 결과였다. 이처럼 두 시간 척도가 수백 배나 차이가 나는 것은 심각한 모순이었다. 우주가 탄생하기 전부터 항성이 존재했다는 기묘한 이야기이기 때문이다.

1930년대 말, 항성의 방사 에너지는 원자핵 에너지에 의한 것이라는 사실이 밝혀졌다. 다만, 항성 질량의 불과 1%가 방사 에너지로 전환되며 태양과 같은 항성의 수명은 100억 년 정도라는 것도 알게 되었다.

한편, 팽창 우주의 나이도 정정해야만 했다. 나중에 이야기하겠지만, 바데의 항성 종족 발견으로 우주의 크기가 2배 커진 데다 다른 요인까지 생각하면 허블이 결정한 H의 값이 지나치게 컸던 것이다.

허블상수 H에 대해서는 1990년대 초까지 100킬로미터/초/메가파섹이라는 값과 50킬로미터/초/메가파섹이라는 값을 주장하는 두 그룹이 대립했다. 당시에는 50퍼센트의 오차가 있었지만 훗날 허블 우주망원경의 측정을 통해 현재는 약 2퍼센트의 오차로 70킬로미터/초/메가파섹으로 정착했다.

우주의 나이도 대략 2퍼센트의 오차로, 약 137억 년이라는 것이 밝혀졌다.

아인슈타인의 찬사

1930년 말부터 2개월간, 아인슈타인 부부는 캘리포니아공과대학의 초대로 허블이 있는 패서디나에 머물렀다. 아인슈타인은 대학 강연에 앞서 허블과 휴메이슨 그리고 이론가 톨먼을 초대해 허블 법칙의 의의에 대해 토론했다. 사교적인 그레이스는 아인슈타인 부부와 할리우드의 여배우 등을 집으로 초대했다.

워낙 찾는 곳이 많았던 아인슈타인은 다양한 파티에 초대 받았는데, 어떤 파티에 참석할지 결정하는 것은 그의

사진 3-8
2.5미터 망원경을 들여다보는 아인슈타인과 그 곁에 서 있는 허블과 애덤스. Cal Tech Archive 1.6-16

휴메이슨(왼쪽), 허블(왼쪽에서 두 번째), 아인슈타인(오른쪽에서 세 번째). 윌슨 산 천문대 도서관에서. 1931년 COPC 2806

아인슈타인, 허블, 애덤스 일행. 2.5미터 망원경 돔 앞에서. Cal Tech Archive 10.13-12

부인 엘자였다. 파티에 참석한 아인슈타인이 바이올린을
연주한 일도 있었다고 한다. 캘리포니아에 머무는 동안, 아
인슈타인은 허블의 연구에 최고의 찬사를 아끼지 않았다.

아인슈타인 부부는 그 후의 방문도 포함하여 총 세 차
례에 걸쳐 패서디나에 오래 머물렀다. 처음 패서디나를
방문했을 때, 부부는 대학 측에서 마련해준 교외 주택에
서 지냈다. 아인슈
타인이 처음 그 집에
도착한 날 저녁, 관
리회사에 전화가 걸
려왔다. 담당자가 서
둘러 달려갔더니 '깡
통따개의 사용법을
모르겠다'는 사소한
용건이었다고 한다.
아인슈타인 부부는
1929년에 완공된 캘
리포니아공과대학의
게스트하우스 '아테

사진 3-9 아인슈타인 특별 객실
과 방에 걸려 있던 사진

네움'의 특별 객실에 머물기도 했다.

여담이지만, 실은 나도 아인슈타인이 묵었던 특별 객실에 묵은 적이 있다. 침실과 거실 그리고 주방과 욕실이 딸린 아담한 스위트룸으로, 벽에는 당시의 사진이 가득 걸려 있어 그 시절을 회상해볼 수 있었다(사진 3-9).

장기 외유와 그레이스의 일기

허블은 미국, 영국의 여러 대학 강연에 초대받았다. 1934년 4월, 허블 부부는 영국행 여객선 맨하탄호에 올랐다. 옥스퍼드대학에서 '성운 스펙트럼의 적색편이'를 주제로 강연을 하기 위해서였다. 대학 강연회에는 저명한 학자의 이름을 붙이는 관례가 있는데, 허블은 영국의 천문학자 에드몬드 핼리의 이름을 딴 '핼리 강연'에서 강연을하게 되었다.

강연회장에 막 도착한 허블은, 대학에서 자신에게 명예박사 학위를 수여하기로 했다는 소식을 들었다. 그레이스의 말에 따르면, 허블은 그 소식을 무척 기뻐했다고 한다. 강연을 마친 후 허블 부부는 프랑스로 이동해 다시 차를 타고 독일의 뮌헨을 방문했다.

허블의 유럽 장기 출장은 5월 핼리 강연에 이어 7월에 벨기에에서 열리는 국제 과학회의 대표로 출석하기 위해서였다. 카네기 연구소장 메리엄은 허블이 자신의 휴가까지 쓴다는 조건으로 출장 경비를 지급하기로 했다.

허블은 여비를 충당하기 위해 워싱턴에서 했던 강연의 원고를 팔기로 했다. 그리고 그 원고는 『파퓰러 사이언스』라는 월간지에 실렸다. 그런데 허블과 출판사 간에 원고료를 둘러싼 문제가 생겼다. 허블과 출판사 측의 주장을 들은 메리엄 소장은 제멋대로인 허블의 태도에 질색하지만 윌슨 산 천문대장 애덤스 이외에는 어느 누구에게도 발설하지 않았다. 실은, 애덤스도 천문대 일은 뒷전으로 미루고 한 번씩 장기 외유를 떠나는 허블에 대한 다른 직원들의 불만을 달래느라 상당히 애를 먹고 있었다.

헌팅턴 도서관에는 당시 그레이스가 쓴 3권의 여행일기가 남아 있다. 1934년 4월 8일부터 8월 27일까지의 유럽 방문, 1936년 9월 5일부터 연말까지의 영국 방문, 1937년 12월 31일부터 1939년 1월 3일까지의 3권이다.

이 일기는 허블의 활동을 후세에 남길 생각으로 썼다고

해도 될 만큼 그레이스의 개인적인 감상이 배제된 기록이었다. 또한 세 번째 일기에는 마지막 20쪽 정도가 찢겨 나간 흔적이 있다. 도서관에 기증할 때 일부러 없앤 듯하다. 아마도 그레이스가 허블에게 불리한 내용은 일부러 쓰지 않았는지도 모른다.

베스트셀러와 다수의 수상

1935년 허블은 3개월간, 뉴잉글랜드의 예일대학에서 8회에 걸쳐 열릴 예정인 '실리만 강연' 원고를 썼다. 실리만 강연을 준비하는 동안 허블은 영국에서 열리는 로즈 장학금 기념 강연을 위한 여비와 휴가를 애덤스 대장을 거치지 않고 메리엄 소장에게 직접 신청했다. 허블은 이때까지 3년여간 벌써 11개월을 외국을 돌며 보냈다. 이번에는 애덤스 대장도 허블의 행동에 화를 냈다. 메리엄이 의견을 묻자 단박에 '무급 휴가라면 인정하겠다'고 답했다고 한다.

실리만 강연의 내용을 엮은 것이 1936년 봄에 출판된 허블의 베스트셀러 『The Realm of the Nebulae(은하의 세계)』

이다. 이 책은 학부생을 대상으로 1922~1936년까지의 허블의 성과를 중심으로 정리한 책이다. 책 내용은 성운의 분류, 안드로메다은하의 세페이드형 변광성 발견, 속도거리관계의 발견, 우주의 균일성의 네 가지이다.

이 책의 매력은 허블이 세계 최대의 망원경으로 관측한 사실을 중심으로 구성되어 있다는 점이다. 2.5미터 망원경이 천문학에 기여한 역할을 강조하는 동시에 그 한계를 지적하고 향후 우주 관측에는 더 크고 새로운 망원경이 필요하다고 말한다.

한편, 1935년 6월에는 콜롬비아대학에서 미국 국립과학아카데미가 수여하는 버나드 상을 받았다. 1895년 제정된 이 상은 5년에 한 번씩 수여된다. 뢴트겐, 러더퍼드, 아인슈타인, 보어, 하이젠베르크를 포함한 11명의 수상자 모두가 노벨상을 받은 과학자였다.

1937년에는 태평양천문학회에서 주는 태평양천문학회 금상을 받았다. 이 상은 허블이 1937년 8월 4일 혜성 1937g를 발견한 업적을 치하하는 것으로, 허블도 예상치 못한 상이었다.

1938년 3월, 태평양천문학회는 또 한 번 허블에게 브루스 메달을 수여했다. 천문학이 노벨상 부문에 포함되지 않았던 최근까지 브루스 메달은 천문학 분야의 가장 영예로운 상으로 평가받았다. 명성을 떨친 허블은 '성운의 성질'을 주제로 공개 기념강연을 열었다.

노벨상

1930년대 중반, 허블 가를 방문한 영국의 천문학자 프레드 호일은 '노벨상 선정위원회가 천문학자에게도 노벨상을 수여하는 방침을 검토 중이다'라고 전했다. 노벨상은 설립자 알프레드 노벨의 유언에 따라 특정 분야에 수여되는 상으로 '물리학상'이나 '화학상'은 있지만 '천문학상'이나 '수학상'은 없었다.

훗날 호일은 허블이 발견한 팽창 우주에 맞서는 정상 우주론을 제창했다. 1950년 그는 팽창 우주론을 '빅뱅'이라고 부르며 조롱했다. 그런데 뜻밖에도 그 이름이 널리 알려지게 된 것이다.

안타깝게도 노벨상 선정위원회는 노벨의 유지를 굳게 지키며 천문학자에게는 상을 수여하지 않았다. 허블은 생전에 '노벨 물리학상 분야에 천문학도 포함시켜야 한다'고 주장했다. 하지만 그의 주장은 '자신에게 노벨상을 달라는' 요구로 비춰지기도 했다.

1960년대 말이 되어서야 방침을 바꾼 노벨상 선정위원회는 천문학 분야에 물리학과 동등한 권위를 인정했다. 그 후, 전파천문학자 마틴 라일, 펄서를 발견한 앤소니 휴이시, 우주배경복사를 발견한 아노 펜지어스와 로버트 윌슨, 항성 물리의 찬드라세카, 쌍성펄서를 발견한 조셉 테일러 · 러셀 헐스, 중성미자 천문학의 레이먼드 데이비스와 고시바 마사토시小柴昌俊, X선 천문학의 리카르도 지아코니, 우주배경복사의 존 매더와 조지 스무트, 초신성 우주론의 사울 펄무터, 애덤 리스, 브라이언 슈미트 그리고 2015년 중성미자 진동의 가지타 다카아키梶田隆章와 아서 맥도널드까지 실로 많은 천문학자와 천체물리학자가 노벨 물리학상을 수상했다.

만약 허블이 더 오래 살았거나 선정위원회의 방침이 더 빨리 바뀌었다면 틀림없이 노벨상을 받았을 것이다. 그것도 한 번이 아니라 '세페이드형 변광성에 의한 은하의 거리 측정'과 '팽창 우주의 발견'이라는 두 가지 업적으로 수상했을지 모른다.

수학과 천문학이 노벨상 수상 부문에 포함되지 않았던
것은 '노벨에게 수학자 혹은 천문학자인 연적이 있었기 때
문'이라는 그럴 듯한 이야기를 들은 적이 있다. 물론, 사실
로 확인된 바는 없다.

다이너마이트를 발명해 막대한 부를 쌓은 노벨은 '죽음
의 상인'이라는 오명을 벗기 위해 자신의 거의 모든 재산
을 출연해 물리학, 화학, 생리학, 의학, 문학, 평화의 다섯
개 분야에서 인류에 공헌한 이들에게 상을 수여하기로 했
다. 단지 노벨에게는 '수학과 천문학이 인류에 공헌한다'
는 발상이 없었던 것일 수 있다.

칼럼 3 허블 시대의 천체 관측과 추체험

　1972년 대학원생이던 내가 처음으로 은하의 사진 관측을 시작했을 무렵에는 아직 컴퓨터가 도입되기 전('BC : Before Computer'라고 불렀다)이었기 때문에 기본적으로는 허블과 같은 방식으로 관측을 했다(사진 3-10). 여기서 잠시, 당시의 관측을 추체험해보자.

　관측이 있는 날에는 먼저, 사진 건판을 준비해야 한다. 암실에서 다이아몬드 커터로 유리 건판을 자르는 작업이다. 쉽지

사진 3-10　오카야마 천체물리관측소. 188센티미터 망원경 뉴턴 초점부에서 사진 관측. 1970년대 말

않은 작업이라 하다 보면 손끝이 피투성이가 되기도 했다.

건판이 준비되면, 해가 지기 전에 이른 저녁식사를 한다. 본격적인 관측에 들어가는 것은, 일몰 후 약 한 시간 정도부터이다. 돔을 동쪽으로 향한 뒤 셔터를 열고 돔 내부의 공기가 차가운 바깥 공기에 적응이 되면 이제 어두워지기를 기다린다.

관측할 은하의 좌표를 오퍼레이터에게 전달하고 접안경으로 목표 은하가 시야의 중심에 오도록 망원경의 조작 버튼으로 방향을 미세 조정한다.

다음은 최대 1시간에 이르는 노출 시간 동안 망원경이 움직이지 않도록 은하 주변에 있는 밝은 별을 '가이드 별'로 선택해 초점을 맞춘다. 준비를 마치면 건판 홀더를 장착하고 다시 한 번 가이드 별의 위치를 확인한 후, 심호흡을 한다. 자, 이제 셔터를 열고 노출 개시!

노출 중에도 끊임없이 망원경의 오차를 수정하는 작업을 해야 한다. 긴 겨울밤은 추위와 졸음과의 싸움이다. 관측자가 앉는 곤돌라는 바닥에서 최대 10미터 정도의 높이에 있기 때문에 떨어지면 크게 다칠 수 있다. 거울 위에 연필을 떨어뜨리는 등의 실수도 절대 있어서는 안 된다. 당시의 허블도 다르지 않았을 것이다.

1970년대 후반부터 망원경 구동에 컴퓨터가 이용되었는데 우리는 이를 가리켜 'AD : After Digital'이라고 불렀다. 1980

년대부터는 사진 건판에서 CCD 디지털카메라를 이용하기 시작했다. 미세 조정도 계산기가 자동으로 해주기 때문에 관측자는 따뜻한 방에서 커피를 마시며 노출이 끝나기만 기다리면 된다.

암실에서 사진 건판을 현상할 필요도 없다. 천체 관측은 그야말로 고상한 작업이 되었지만 때때로 추위와 졸음을 참으며 관측하던 시절이 그리울 때도 있다.

헤일의 새로운 꿈

여키스 천문대와 윌슨 산 천문대를 세운 헤일은 더 큰 망원경 계획을 세우기 시작했다. 하지만 이제까지 그를 지원해준 찰스 여키스, 존 후커, 앤드류 카네기 모두 세상을 떠난 후였다.

1928년 헤일은 록펠러 재단위원회 간사인 위클리프 로즈를 찾아가 거대 망원경 건설을 위한 조사비용을 지원해 달라고 부탁했다. 처음 만난 자리에서 로즈가 '완성된 망원경을 어디서 운영할 것인지'를 묻자 그는 '카네기 연구소가 운영할 것'이라고 대답했다.

그러자 로즈는 '운영은 캘리포니아공과대학과 같은 교육기관이 맡아야 한다'고 말했다. 사실, 캘리포니아공과대학은 1891년 실업가 에이머스 스루프가 설립한 스루프 대학을 1907년 평의원으로 참가했던 헤일이 열정을 쏟아 키워낸 대학이었다.

서로 이견이 있을 리 없었다. 헤일은 서둘러 계획을 세우고 '600만 달러를 들여 5미터 망원경을 건설하겠다'는 계획서를 재단에 제출했다. 1928년 5월 록펠러 재단 이사회에서 그의 제안을 승인했다.

주경의 제작

5미터 망원경 주경의 유리판은 온도 변화에 의한 수축이 적은 재료로 만들어야 한다. 헤일은 코닝 사의 특수 유리를 사용하기로 했다. 다음 과제는 '얼마나 가볍게 만드는가'였다. 헤일과 함께 망원경 계획을 세운 프

사진 4-1 5미터 주경의 뒷면. 경량화를 위한 벌집 구조를 볼 수 있다

랜시스 피스는 유리를 속이 빈 벌집과 같은 구조로 만들어 무게를 줄이는 방법을 생각해냈다(사진 4-1).

예비 실험을 거쳐 1934년 3월부터 유리 주조에 들어갔다. 총 65톤의 유리를 녹이는 데 15일, 녹인 유리를 1,575도까지 가열하는 데 꼬박 16일이 걸렸다. 내화 벽돌로 만든 거푸집에 녹인 유리를 붓고 4주에 걸쳐 천천히 냉각할 예정이었는데 그만 거푸집을 고정하는 핀이 녹으면서 실

사진 4-2 뉴욕 주에 있는 코닝 사에서 열차로 패서디나 역에 도착한 5미터 주경용 유리 원판을 허블(오른쪽 끝)이 확인하고 있다. 1936년 Cal Tech Archive 10. 17. 2-2

패하고 말았다. 헤일은 크게 낙담했지만 이내 녹는점이 높은 니켈크롬 합금으로 핀을 다시 만들어 12월에 두 번째 유리 주조에 돌입했다.

이번에는 유리 냉각에 10개월이나 들여 무사히 성공했다. 완성된 유리는 특별 제작한 화물열차에 실어 뉴욕 주에서부터 16일이나 걸린 1936년 4월 10일에 패서디나 역에 도착했다(사진 4-2).

망원경 건설지는 이미 패서디나에서 남동쪽으로 150킬로미터, 샌디에이고에서 북쪽으로 80킬로미터의 광공해

염려가 없는 팔로마 산으로 정하고 토지 구입도 마친 상태였다. 망원경 구조의 제작과 설치는 웨스팅하우스 사가 맡았다. 팔로마 산에 지어진 직경 41미터의 거대한 돔이 망원경의 도착을 기다리고 있었다.

1936년 4월, 캘리포니아공과대학에 신설된 공장에서 연마 작업에 들어갔다. 하지만 순조롭게 진행되지는 못했다. 전쟁 때문에 작업이 중단되기도 했다. 연마 작업을 마친 것은 11년이 지난 1947년 10월이었다.

망원경이 완성되기만을 고대하던 헤일은 안타깝게도 그 모습을 보지 못하고 1938년 70세를 일기로 세상을 떠났다. 완성된 포물면 주경은 그 오차가 빛의 파장의 10분의 1 이하 즉, 0.0005밀리미터 이하였다. 만약 헤일이 살아서 그러한 결과를 보았다면 더없이 기뻐했을 것이다.

나선의 방향 논쟁

1939년 50세가 된 허블은 나선은하의 나선 구조를 연구하고 있었다.

은하의 회전운동 주기는 중심에 가까울수록 짧기 때문

에, 나선 구조가 안으로 점점 감기는 것처럼 보인다. 그런데 1926년 스웨덴의 베르틸 린드블라드는 나선팔이 점점 풀리는 형태라고 하는 이론을 발표했다. 은하의 나선 구조가 '감기는 형태'인지 '풀리는 형태'인지의 문제는 이론 면에서나 관측 면에서 각기 다른 해석으로 큰 논쟁이 되었다.

나선 구조는 밝은 별이나 가스성운으로 보이지만, 바로 안쪽에는 암흑성운의 나선 구조가 중첩되어 보인다. 이 관계는 나선 구조가 '감기는 형태'든 '풀리는 형태'든 그럴듯한 설명이 가능하다. 허블은 나선팔이 뚜렷이 보이고, 회전 방향을 측정할 수 있는 15개의 나선은하를 조사해 모두 '감기는 형태'이거나 '풀리는 형태' 둘 중 하나이며 두 형태가 혼재하지 않는다는 결론을 내렸다.

나선 구조가 '감기는 형태'인지 '풀리는 형태'인지를 구별하려면, 나선은하의 은하 원반이 어느 쪽으로 기울었는지를 알아야 한다. 허블은 기울기의 방향을 추정할 수 있는 4개의 나선은하를 분석해 모든 나선 구조는 '감기는 형태'라는 결론을 내리고 1943년 천체물리학회지에 논문을 발표했다. 허블은 이 논문을 끝으로 또 다시 전쟁(제2차 세계대전)에 휘말린다.

사실 '나선 구조가 어떻게 생겨나는지'는 나의 학위 논문의 주제이기도 했다. 이 문제에 대해서는 나중에 설명하기로 하자.

고고한 인물

1930년대 중반까지 허블은 미국은 물론, 전 세계적으로 가장 저명한 천문학자가 되었다. 여러 조직의 대표 및 위원회의 위원으로도 선출되었지만, 크게 열의를 보이지 않았다. 연 2회 개최되는 미국 천문학회에도 몇 번밖에 참가하지 않았다. 미국 천문학회 부회장이나 국제 천문연맹에서 미국을 대표하는 평의원으로 선출되었지만, 특별한 업적을 남기지는 못했다.

허블은 연구 동료들과도 가깝게 지내지 않았던 것 같다. 다른 연구자와 주고받은 편지가 헌팅턴 도서관에 보존되어 있기는 하지만 대부분 연구와 관련된 전문적인 내용뿐이었다.

학생과 조수들에게 둘러싸여 지내는 일도 없었다. 일벌

레였던 허블은 온 생애를 관측적 연구에 바쳤다. 허블에게는 어딘가 고상하고, 위엄 있는, 범접하기 어려운 분위기가 있었다고 한다. 그런 모습이 주위 사람들 눈에는 때때로 거만하게 비치기도 했던 모양이다.

반 마넨과의 갈등

은하의 회전 운동에 대한 반 마넨과의 갈등도 끊이지 않았다. 1930년대 중반, 허블은 휴메이슨, 바데와 연계해 은하 관측을 계속했지만 반 마넨은 독립적으로 관측을 했다. 반 마넨은 자신이 관리하던 측정기에 '무단 사용 금지' 표지를 붙여 허블을 곤란케 했다. 또 '천문대에서 배정 받은 자신의 관측일수가 허블보다 12일이나 적다'고 항의하면서 두 사람의 관계는 악화일로로 치달았다.

그런 두 사람 사이에 다음과 같은 일화도 있었다고 한다. 윌슨 산 천문대에서는 저녁식사 때 2.5미터 망원경 관측자가 상석에 앉는 관습이 있었다(칼럼 4 참조). 어느 날, 허블은 평소보다 빨리 식당에 와서 그날 밤 2.5미터 망원경 관측자로 상석에 준비되어 있던 반 마넨의 냅킨 링을 자신의 것으로 바꿔놓았다. 상석에 앉아 저녁식사 시작을 알리는 종을 울리게 되어 있던 반 마넨은 식탁을 보고 얼굴이 굳어졌지만 그 자리에서 화를 내지는 않았다.

실은, 허블의 인간성이 의심되는 사건은 이것뿐만이 아니었다. 허블의 우주론이 옳다는 것을 증명하는 데 가장 큰 걸림돌은 나선성운의 회전운동에 관한 반 마넨의 연구 결과였다. 허블은 애덤스 대장에게 반 마넨의 사진 건판을 자신이 검토해보고 싶다고 요청했다. 애덤스는 반 마넨과의 공동 논문을 제안했지만 허블은 받아들이지 않았다. 애덤스와 부대장 세레스는 타협안으로 반 마넨, 허블, 니콜슨, 바데 네 사람의 의견을 듣고 논점을 정리한 공동 논문의 초안을 작성했다.

다른 세 사람은 모두 동의했지만 허블이 논문의 출판을 극구 반대하면서 결국 이 논문은 폐기되었다. 허블이 일으킨 숱한 문제로 골머리를 앓던 애덤스 소장은 그런 그의 태도에 크게 화를 냈다. 냅킨 링 사건만 보아도 알 수 있지만 애덤스는 '인격적으로는 반 마넨이 허블보다 훨씬 신사적'이라고 평가했다.

칼럼 4 천문대의 저녁식사

2008년 10월 25일, 나는 윌슨 산 천문대의 안내를 맡고 있는 도널드 니콜슨 씨와 천문대를 둘러볼 기회가 있었다. 당시 90세였던 니콜슨 씨는 휴메이슨에게 수학을 가르쳤던 천문학자 니콜슨의 아들로, 허블의 생전에도 천문대를 출입했던 전기 기술자였다. 그에게 윌슨 산 천문대 역사와 더불어 허블과 반 마넨의 반목에 관한 일화 등 여러 이야기를 들을 수 있었다.

윌슨 산 천문대에서는 저녁식사 시간에 2.5미터 망원경 관측자가 식탁의 상석에 앉아 식사 중의 화제를 이끌어가는 관례가 있었다고 한다. 그러면 허블은 도서실에서 미리 『브리태니커 백과사전』을 펼쳐놓고 남들이 모를 법한 화제를 골라 예습한 뒤 자신이 대화의 주역이 되었다고 한다.

여기서 잠시 내가 경험한 칠레 안데스 고원에 있는 유럽남방 천문대ESO에서의 저녁식사에 대해 소개하기로 하자.

1984년 당시로서는 가장 규모가 컸던 유럽남방 천문대 3.6미터 망원경에 새로운 관측 장치가 완성되었다. 서독(당시) 뮌헨의 ESO 본부에 객원 연구원으로 있던 나는 이 장치를 사용한 네 건의 관측제안서 중 세 건이 채택되어 영광스럽게도 이 장치의 최초 관측자로 한 달간 칠레에 가게 되었다.

산티아고 시내에 있는 천문대 게스트하우스에 도착한 나는 사무장으로부터 저녁식사 관례에 대한 설명을 들었다.

'유럽남방 천문대에서는 저녁식사를 할 때 커다란 망원경의 관측자부터 순서대로 자리에 앉는다. 당신은 이번 관측자 중에서 가장 큰 3.6미터 망원경의 관측자이기 때문에 주빈석에 앉기 바란다. 모두 자리에 앉으면 식탁 밑에 있는 버튼을 눌러 저녁식사 시작을 알리면 된다.'

실제 그렇게 하자 식당과 주방을 잇는 여닫이문이 활짝 열리며 나비넥타이를 한 종업원들이 접시를 나르면서 식사가 시작되었다. 일본의 천문대에서는 직접 컵라면에 물을 부어 야식을 준비했었다. 그러고 보면 '본래 유럽의 천문학은 귀족의 학문'이었다는 것이 떠올랐다. 허블이 활동하던 시절, 윌슨 산 천문대의 저녁식사도 그러한 유럽의 전통에서 왔을 것이다.

사진 4-3 윌슨 산 천문대 2.5미터 망원경의 돔 난간에서, 니콜슨 씨와 함께

어머니의 죽음

허블 부부가 유럽에서 돌아온 직후인 1934년 7월 26일 루이지애나 주에 살던 허블의 어머니 버지니아가 세상을 떠났다. 장례비용은 허블이 집을 떠난 후 혼자 어머니와 누이를 보살펴온 남동생 빌이 냈다. 누이들 말로는, 허블은 집에 생활비를 보낸 적이 없었다고 한다. 그레이스도 남편의 가족들을 만나지 않았다. 이런 이야기를 통해서도 성공한 천문학자였던 허블의 굴절된 일면을 엿볼 수 있다.

실은, 허블의 가족이 여러 번 서부를 방문하기도 했지만 대부분 연구소나 밖에서 만나고 집에는 한 번도 초대하지 않았다고 한다. 그레이스에게 이야기한 자신의 과거사가 발각되는 것이 두려웠는지도 모른다. 하지만 허블의 어릴 적 친구가 그레이스의 아버지를 만난 적도 있었기 때문에, 그레이스 역시 사정을 알고 있었을 가능성이 있다.

화려한 교우관계

허블을 비롯한 천문학자들은 매달 사나흘씩 관측을 위해 윌슨 산을 올랐다. 관측이 없는 날에는 패서디나의 연구소나 집에서 일했다. 허블과 그레이스는 금슬 좋은 부부였다고 한다. 허블의 몇 안 되는 제자로 후에 『허블 은하도감』을 출간한 앨런 샌디지는 '종종 허블의 집을 방문했는데, 부부는 서로 존경했다. 그레이스는 헌신적인 아내였으며 그들의 대화에는 지성이 넘쳤다'라고 이야기했다.

다양한 사람들이 우드스톡 가에 있는 허블의 집을 방문했다. 허블 부부는 근처에 살던 영국 작가 올더스 헉슬리 일가와 친분이 있었다. 스탠포드대학 출신인 그레이스는 문학, 예술, 음악, 건축에 조예가 깊었다. 헌팅턴 도서관에는 그레이스가 당대 최고의 배우 조지 알리스, 영국의 소설가 휴 월폴 등과 나눈 편지가 남아 있다.

그 밖에도 미키 마우스의 아버지 월트 디즈니, 주미 영국대사 필립 헨리 커, 저명한 작곡가, 작가, 배우를 비롯해 캘리포니아의 지식인 등 다양한 사람들과 교류했다.

허블은 이처럼 화려한 인물들 사이에서도 두드러진 존재감을 발휘했다. 그는 과학자인 동시에 역사, 고전문학, 철학, 과학사에도 조예가 깊었기 때문이다. 천문대 직원들과는 가깝게 지내지 않았던 허블의 화려한 교우 관계는 사교적인 성격의 그레이스의 영향이 컸던 것 같다.

사진 4-4 헌팅턴 도서관의 현재 모습. 저자 촬영

1938년 허블은 미 서부의 철도왕 헨리 헌팅턴이 설립한 헌팅턴 도서관의 고문이 되었다. 헌팅턴 도서관은 세계 최초의 인쇄물로 알려진 구텐베르크 성경의 초판본과 영국의 현대 미술 작품, 진귀한 도자기, 조각품 등을 소장한 세계적으로도 유명한 도서관이다(사진 4-4).

허블이 세상을 떠난 후, 그레이스는 남편이 수집했던 코페르니쿠스의 책 제2판, 갈릴레오, 케플러, 헤벨리우스, 리치올리의 책, 뉴턴의 『프린키피아』 등의 귀중한 서적을 윌슨 산 천문대 도서관에 기증했지만 편지, 사진, 관측일지 등은 헌팅턴 도서관에 기증했다.

제2차 세계대전

1933년 1월, 아돌프 히틀러는 독일에서 신정부를 수립하고 유대인을 박해했다. 유대인이었던 아인슈타인은 1932년 말, 독일 생활을 포기하고 미국 망명을 결심한다.

1939년 9월 1일, 독일의 폴란드 침공을 계기로 제2차 세계대전이 발발한다. 미국 정부는 중립을 선언하지만 이내 루즈벨트 대통령은 반나치 지원활동을 개시했다. 허블은 '이런 시국에 연구만 할 수 없다'며 남캘리포니아 자유주의 옹호 합동위원회에 참가해 '자유와 명예 그리고 미국의 안전을 지키기 위해 미국이 참전해야 한다'고 주장했다.

불안한 정세에도 허블의 명성은 높아만 갔다. 1940년 2월, 허블에게는 마음의 고향과도 같았던 영국 왕립천문학회에서 그에게 학회 최고의 영예인 금메달을 수여한다고 발표했다. 하지만 격동하는 세계정세 속에서 연구에 몰두할 수 없었던 허블은 1941년 11월 11일 미국 퇴역 군인회에서 '미국은 당장 히틀러에 선전포고해야 한다'는 연설을 했다. 12월 7일(현지 시간) 일본이 하와이의 진주만을 공격하기 4주 전의 일이었다.

53세에 재복무 지원

허블은 진주만 공습 직후 육군 소령으로 재복무를 지원했다. 그리고 1942년 8월 초에 천문대를 그만두고 미국 동해안의 메릴랜드 주 에버딘에 있는 탄도연구소로 향했다. 탄도연구소는 제1차 세계대전 때 만들어진 거대한 군사시설로, 당시 소장인 사이먼 대령은 대포 사격이나 공중 폭격의 명중률을 높이기 위한 탄도 계산을 지휘할 수 있는 인재를 모집하고 있었다. 탄도 계산은 천체역학과도 관련이 있고 육군 소령으로 복무한 경험도 있었기 때문에 카네기 연구소장의 추천을 받은 허블이 뽑힌 것이다.

허블은 늘 그레이스와 함께였지만 이때만큼은 혼자 부임해 매일같이 아내에게 짧은 편지를 쓰기도 했다. 10개월 후에야 장비 시험장 근처에 집을 빌려 그레이스를 에버딘으로 데려왔다.

허블이 한 일은 대포와 폭격기의 사정거리표를 만드는 것이었다. 대포와 탄환의 종류별로 사정거리표를 만들었다. 컴퓨터도 없던 시절이었다. 육군 부인부대에서 수학이나 물리학을 배운 280명이 모여 방대한 계산을 분담했다. 탄도 계산에는 중력과 공기저항을 고려해야 한다. 공기저항은 폭탄의 형태에 따라 다르다. 실험팀이 공기 저항 자료를 측정하고 실제 사격 실험과 계산 결과가 일치하도록 계산법을 조정하는 것이다. 허블은 탄도 측정장치의 설계에도 관여했던 것 같다.

전쟁 중의 발견

1931년 허블보다 늦게 윌슨 산 천문대에 들어온 월터 바데는 독일 출신이었다. 그래서 미국 시민권 신청서류도 준비해놓았었는데, 그만 분실하고 말았다. 바데에게도 전쟁은 큰 충격이었을 것이다. 1939년 전쟁이 일어나자, 독일 국적의 바데는 한동안 야간 외출이 금지되었다. 이 조치가 해제된 후에야 바데는 관측에 복귀할 수 있었다.

아이러니한 것은, 많은 천문학자들이 참전했기 때문에 바데는 윌슨 산 천문대의 2.5미터 망원경을 거의 독점할 수 있었다. 게다가 당시 로스앤젤레스는 일본군의 공습 때문에 엄격한 등화관제를 실시하고 있었다. 거리의 불빛이 모두 꺼진 어두운 밤, 대기의 요동이 적은 최고의 조건 하에서 바데는 안드로메다은하 M31과 그 위성은하의 또

렷한 사진을 촬영할 수 있었다.

인생에는 예기치 않은 불행이 뜻밖의 행운을 가져오기도 한다. 이 사진을 분석한 바데는 나선 부분에 있는 푸르고 노란 빛을 띠는 별들과 달리 구상성단의 붉은 별과 비슷한 별들이 은하 중심부에 모여 있는 것을 발견했다. 1944년 바데는 전자에 '종족 I' 후자에는 '종족 II'라는 이름을 붙이고 그 성질의 차이를 도표로 나타냈다(사진 4-5). 현재는 이 차이가 은하에서 별이 생겨난 역사를 나타내는 것으로 밝혀졌다.

종족 II의 별들은 은하가 생겨난 초기에 탄생해 현재까지 살아남은 가벼운 별들로, 주로 수소와 헬륨으로 이루어졌으며 탄소보다 무거운 원소는 거의 없다. 먼저 태어난 무거운 별들은 이미 생을 마치고 핵융합으로 만들어진 탄소보다 무거운 원소를 방출했다. 종족 I의 별들은 종족 II의 별들이 방출한 무거운 원소를 포함한 가스에서 생겨났기 때문에 종족 II의 별들과는 성질이 다른 것이다.

종족 II가 먼저 생겨나고 종족 I이 나중에 생겨난 별이기 때문에 바데가 붙인 명칭이 반대였다면 더 이해가 쉬웠겠지만 천문학에서는 바데의 분류를 존중해 현재까

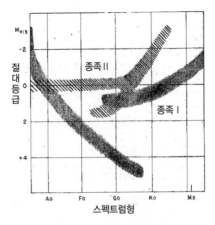

사진 4-5 산개성단이나 나선팔에 있는 일반 별(종족 I)와 구상성단의 별(종족 II)의 색등급도. 1944년 ApJ. 100, 137

지도 이렇게 부르고 있다.

그 후, 세페이드형 변광성의 주기광도 관계도 종족에 따라 조금씩 다른 것이 확인되었으며 안드로메다은하의 거리는 허블이 구한 값보다 멀다는 것도 알게 되었다. 그리하여 안드로메다은하의 신성이나 구상성단이 은하계의 별들보다 어둡게 보이던 문제도 해결되었다.

종전 그리고 어긋난 기대

1945년 8월, 히로시마広島와 나가사키長崎에 원자폭탄이 투하되고 15일 일본이 항복하면서 제2차 세계대전은 끝이 났다. 전쟁이 시작되기 수년 전부터 헤일이 동분서주하며 애썼던 5미터 망원경의 완성에 대비해 새로운 천문대장을 정하는 물밑 교섭이 진행되고 있었다.

허블은 캘리포니아공과대학에서 충분한 급여를 약속하면 천문대장직을 받아들일 생각이었다. 허블 때문에 여러모로 애를 먹었던 애덤스 대장도 흠잡을 데 없는 그의 업적을 고려해 차기 대장직을 물려주기로 하고 카네기 연구소장 메리엄에게 허블을 추천했다. 허블 본인도 자신이 새로운 천문대장이 될 것이라고 확신하고, 4배나 많은 급여를 제안하며 맡아달라고 요청해온 자리도 거절했다.

그러나 메리엄 소장의 생각은 달랐다. 그는 1936년 물리학자 막스 메이슨을 5미터 망원경 계획의 부의장으로 임명해 패서디나로 파견했다. 메이슨은 반년도 채 안 돼 허블이 논문 출판이나 여행 경비 등으로 문제를 일으킨 일과 장기간의 외유, 반 마넨과의 갈등 등으로 윌슨 산 천문대 직원들 사이에 평판이 좋지 않은 점을 조사해 메리엄 소장에게 보고했다.

1942년 메리엄의 후임으로 카네기 연구소장이 된 바네바 부시는 '맨해튼 계획'이라고 불리는 원자폭탄 개발을 목적으로 한 극비 프로젝트를 추진했다. 실은, 허블도 맨해튼 계획을 추진한 로스앨러모스 연구소로 옮기지 않겠냐는 제의를 받았지만 새로운 천문대장이 될 것이라고 생각했기 때문에 이 제안도 고사했다.

1944년 애덤스 대장은 은퇴를 결심하고 부시 소장과 후임을 결정하기 위한 논의를 시작했다. 이때도 애덤스는 업적이나 지명도를 고려해 허블을 추천했다. 하지만 논의 끝에 자신의 업적과 명성을 우선하고 관측소의 운영이나 직원 관리에는 무관심한 허블을 대장으로 앉히면 천문대 운영이 위태로울 수 있다는 결론에 이른다.

결국 두 사람은 당시 46세였던 물리학자 보웬을 새로운 대장으로 선택했다. 보웬은 성운의 스펙트럼 연구로 1942년 천체물리학의 헨리 드레이퍼 메달을 수상했으며 평판도 좋은 학자였다. 이 결정에는 메이슨도 동의했다.

부시 소장은 1945년 5월 탄도연구소에 있던 허블을 만나 새 천문대장직에 대해 이야기를 나누었다. 당연히 천문대장이 될 줄 알았던 허블은 자신이 관리 업무에 몰두하지 않아도 되도록 실무를 담당하는 부대장을 두는 것이 어떻겠냐고 제안했다. 허블의 제안에 부시는 '당신이 연구에 전념할 수 있도록 하는 것은 중요한 일'이라며 신중하게 대답했다.

1945년 7월 뉴멕시코 주에서 열린 최초의 원폭실험에 참석한 부시 소장은 그 후 패서디나에 들러 애덤스 대장에게 '보웬을 새로운 천문대장으로 임명하고, 보웬이 허블을 망원경 관측계획 위원장으로 임명하는' 전략을 제안했다.

그리고 8월, 제2차 세계대전이 종결되었다. 종전 후 허블은 부시 소장의 편지로 천문대장 인사 소식을 듣게 되었다. 당시 허블의 심경을 기록한 자료는 남아 있지 않지만 자신이 쌓은 과학적 업적으로 볼 때 당연히 천문대장이 될 것이라고 여겼던 허블은 크게 낙담했을 것이다. 허블은 부시에게 '천문학자가 아닌 물리학자를 새로운 천문대장으로 임명하다니 놀랐다'는 답장을 보냈다.

그러한 결정에 항의하며 윌슨 산 천문대를 떠났을 법도 하지만, 팔로마 산의 5미터 망원경으로 관측하는 꿈을 버릴 수 없었던 허블은 보웬 대장이 제안한 관측계획 위원

장직을 받아들였다. 그리하여 1945년 12월 허블은 윌슨
산 천문대로 돌아왔다.

두 번 다시 일어나서는 안 될 전쟁

핵무기 개발은 양식 있는 과학자들의 불안감을 자극했
다. 독일이 핵무기를 개발할 가능성이 있다고 판단해 미
국의 핵무기 개발을 제안한 아인슈타인도 결국 후회하며
전후戰後(제2차 세계대전이 끝난 1945년 이후-편집자 주)에는 평화운동을
전개했다(사진 4-6).

허블도 천문대로 돌아온 이듬해 로스앤젤레스에서 열
린 공개강연에서 '두 번 다시 일어나서는 안 될 전쟁'이라
는 주제로 앞으로의 전쟁은 인류의 자살행위가 될 것이라
며 강하게 호소했다. 제2차 세계대전 직후 허블이 이러한
발언을 한 것은 주목받아야 할 것이다.

한편, 허블은 승전에 공헌한 미국 시민으로서 명예 메달
을 받기도 했다. 허블이 개발한 폭탄 및 로켓탄의 궤도 연
구용 고속 카메라 덕분에 공격 성능이 개선되었다는 것이
수상 이유였다. 실은, 원자폭탄 개발에 참여한 엔리코 페

르미와 로버트 오펜하이머도 이 메달을 받았다. 그만큼 탄도연구소에서의 허블의 업적이 미국 정부로부터 높은 평가를 받았다는 것을 알 수 있다.

사진 4-6 아인슈타인과 오펜하이머. 오펜하이머도 원자폭탄 개발의 지도적 역할을 한 것을 후회하며 수소폭탄 개발에 반대. 원자력위원회에서 추방되었다

팔로마·윌슨 산 천문대

천문대에서는 새롭게 취임한 천문대장 보웬이 어떤 방침을 내놓을지 모두 주목하고 있었다. 그러던 중 천문대에 희소식이 전해졌다. 캘리포니아공과대학과 카네기 연구소가 '1948년 4월부터 윌슨 산 천문대와 팔로마 산 천문대를 통합 운영하기로 합의했다'는 것이었다.

이 협정으로, 윌슨 산 천문대의 천문학자들은 캘리포니아공과대학의 교수로 임명되었으나 종래대로 관측에 전

넘할 수 있게 되었다. 캘리포니아공과대학에서 학생들을
천문대로 보내 현장 교육을 받게 한 것이었다.

전쟁으로 중단되었던 5미터 망원경 건설도 재개되고
1.2미터 슈미트 망원경도 완성을 앞두고 있었다. 그리하
여 팔로마 · 윌슨 산 천문대는 그 후에 이룰 커다란 발전
의 토대를 구축했다.

허블 은하도감

전후, 캘리포니아공과대학 출신의 앨런 샌디지와 할튼
아프가 새롭게 윌슨 산 천문대에 들어왔다.

허블은 천문대로 돌아온 직후부터 은하의 분류를 재
검토하기 시작했다. 1.5미터 망원경과 2.5미터 망원경으
로 촬영한 수백 장의 사진을 재검토해, 허블 분류의 전형
적인 예를 보여주는 은하도감을 만들기 위해서였다. 이
도감은 허블이 세상을 떠날 때까지 완성되지 못했다. 허
블의 작업을 이어받은 샌디지가 1961년『THE HUBBLE
ATLAS OF GALAXIES(허블 은하도감)』이라는 제목으로 출간
했다(사진 4-7).

사진 4-7 『허블 은하도감』

허블 은하도감은 훗날 천문학자들에게도 커다란 영향을 미쳤다. 사실 나 역시 도쿄대학 천문학과 도서실에서 이 도감을 보고 나선은하의 아름다움에 매료되어 '나선 구조가 어떻게 생기는지'를 학위논문의 연구 주제로 정했던 것이다. 허블은 내 연구 인생에 특별한 존재였다. 하물며 그의 전기를 쓰게 된 것을 보면 정말이지 특별한 인연이라는 생각이 든다.

깨져버린 꿈

허블의 이름은 과학자뿐 아니라 일반 사람들에게도 널리 알려져 있다. 1948년 유명 잡지 『타임』의 표지를 장식한 허블의 초상화가 바로 그런 그의 유명세를 상징했다(사진 4-8). 그 후, 반세기 동안 『타임』지 표지를 장식한 천문학자는 퀘이사를 발견한 마틴 슈미트와 작가로도 유명한 칼 세이건뿐이었다.

그런 자신감 때문이었을까, 허블은 천문대장이 되진 못했지만 자신이야말로 5미터 망원경으로 천체 연구를 크게 진전시킬 주역이 될 것이라고 믿어 의심치 않았다.

1948년의 어느 날, 보웬 대장과 윌슨 산 천문대 간부들이 허블의 집에 모였다. 5미터 망원경의 관측 계획을 의논하기 위해서였다. 허블은 이전부터 어

사진 4-8 허블의 초상화를 실은 『TIME』지 표지. 1948년 2월 9일자

두운 은하의 분포를 조사하는 대대적인 계획을 제안했으며 당연히 자신의 관측계획이 받아들여질 것이라고 생각했다.

하지만 그 계획을 실행하기 위해서는 5미터 망원경의 관측시간 절반을, 게다가 달도 뜨지 않는 귀중한 밤을 모두 허블의 관측계획에 사용해야만 했다. 어쩌면 명확한 결과를 얻지 못할 위험도 있었다. 반면에 '적색편이가 큰 은하 탐사연구'라면 확실한 성과를 기대할 수 있었다. 보웬 대장과 간부들은 허블이 상처받지 않도록 조심하며 계획을 단념하도록 설득했다. 사실상 납득할 수밖에 없었던 상황이었기 때문에 허블도 신사적으로 받아들였다.

하지만 천문학에 인생을 바친 그였다. 세계 최고의 망원경으로 관측 연구를 하는 것은 허블의 꿈이었을 것이다. 천문대장직에서 밀려나고도 천문대에 남기로 결심한 그가 자신의 관측계획마저 포기해야 했을 심정은 오죽했을까. 어쩌면 허블에게는 천문대장이 되지 못한 것 이상으로 원통한 일이 아니었을까.

첫 선을 보인 5미터 망원경

1947년 12월 21일 밤, 5미터 망원경의 퍼스트 라이트 First Light(첫 번째 시험관측)가 이루어졌다. 망원경 책임자 메이슨과 보웬 대장은 퍼스트 라이트 후에도 신중하게 다양한 테스트를 반복했다. 진행 상황이 빤히 보이는 건설 과정과 달리 망원경의 초기 조정은 지난한 과정을 버틸 강한 인내와 신념이 필요하다. 뉴스거리도 없는 기간이었기 때문에 일각에서는 '5미터 망원경은 실패작인가?'라는 구설이 나돌기도 했다. 보웬 일행은 그 모든 과정을 참고 견디며 조정을 마쳤다.

결국, 5미터 망원경의 준공식은 퍼스트 라이트 이후 반년이 지난 1948년 6월 3일에 개최되었다. 준공식 당일, 캘리포니아공과대학장은 800여 명의 초대 손님들 앞에서 5미터 망원경을 '헤일 망원경'이라고 명명한다고 선언했다. 새로운 천문대장 보웬이 망원경을 설명하며 구동시켰다.

이날 천문대장직에서 밀려난 허블이 나설 자리는 없었다. 준공식에 참석한 허블은 과연 어떤 심정이었을까.

거대 망원경의 위력

준공식을 마친 후 얼마 지나지 않아 5미터 망원경의 구동 기구와 주경에 결함이 발견되었다. 반년간 재조정을 거쳐 1949년 1월 26일, 허블은 재조정을 마친 5미터 망원경으로 최초의 관측을 시작했다. 5미터 망원경의 감도를 알아보기 위해 그는 이미 21등성까지의 광도가 측정된 영역을 촬영했다.

그러자 2.5미터 망원경으로는 장시간의 노출로 겨우 보였던 별들이 이 새로운 거대 망원경으로는 고작 5분간 노출한 사진 건판에도 찍혀 있었다. 조건이 좋은 밤에 1시간 노출로 촬영한 건판에서는 1.5등급이나 어두운 천체까지 찍을 수 있었다. 그 결과, 놀랍게도 21등급보다 어두운 천체에서는 항성의 수보다도 은하의 수가 더 많아진다는 것을 알게 되었다. 5미터 망원경은 2.5미터 망원경보다 2배나 먼 거리의 은하까지 비추었기 때문이다.

1949년 5월, 본격적으로 5미터 망원경의 결함을 바로잡고자 주경을 분리해 다시 연마했다. 가을에 접어들어서야 연마를 마칠 수 있었다. 그런데 또 다른 문제가 생겼다. 전후 로스앤젤레스의 극심한 스모그에 반사된 거리의 불

빛 때문에 로스앤젤레스 상공이 뿌옇게 빛나면서 관측자들을 괴롭혔다. 허블과 동료들은 이를 '로스앤젤레스성운'이라고 불렀다고 한다.

갑작스런 발작

1949년 7월, 허블 부부는 콜로라도 주의 한 목장을 찾아 강 낚시를 즐겼다. 그날 밤, 허블이 갑작스런 고통을 호소했다. 그레이스는 날이 밝기 전에 주치의에게 전화를 했다. 주치의의 지시로 모르핀 성분의 진통제를 먹고 증상이 가라앉았기 때문에 가까운 병원을 찾아 진찰을 받았다. 심근경색이었다. 그레이스는 깜짝 놀랐다.

입원 나흘째에 두 번째 발작을 일으켰지만 그레이스는 남편의 병이 외부에 알려지지 않도록 윌슨 산 천문대의 동료들에게도 단단히 입조심을 시켰다. 한 달여 후, 허블은 주치의와 함께 침대차를 타고 콜로라도에서 패서디나로 돌아왔다.

자택 2층에서 요양하던 허블은 주치의로부터 금연을 권고 받은 후로는 빈 파이프를 입에 물고 있었다고 한다. 발작으로 죽음을 의식한 것일까, 허블은 60세 생일을 맞은 직후 '모든 재산을 그레이스에게 남긴다'는 유서를 작성했다.

건강상의 불안에 더해 허블의 마음을 무겁게 하던 일이 있었다. 아인슈타인과 에딩턴에 의한 우주의 구조와 진화에 관한 연구가 진전되었지만 그와 동시에 우주의 기원과 종말에 대한 논의 자체를 비판하는 움직임이 있었던 것이다. '신이 만물을 창조했다'는 기독교적 가치관을 지닌 사람들이 다수였던 미국에서는 이러한 과학적 논의를 '신을 두려워하지 않는 오만한 행위'라고 보는 사람들이 있었다.

과학에 대한 비판이 천문학 세계에까지 영향을 미치는 상황을 걱정한 것이었다.

뼛속까지 관측가

5미터 망원경은 다시 연마하고 도금하는 과정을 거쳐 1949년 말 드디어 완벽한 상태로 사용할 수 있게 되었다. 1950년 봄에는 허블의 용태도 꽤 안정되었다. 전후, 애덤스 대장은 허블이 자유롭게 관측할 수 있도록 배려했다. 새로운 천문대장 보웬도 허블을 존중했다. 허블은 자신의 존재감을 드러낼 장소인 망원경 관측계획위원장 일에도 크게 관심을 보이지 않았다. 본래라면 논의해야 할 내용이 많았을 테지만 회의는 늘 30분 만에 끝이 났다.

다소 건강을 회복한 허블은 보수를 마친 5미터 망원경으로 관측을 하고 싶었을 것이다. 10월에는 주치의의 허가를 얻어 18개월 만에 관측 업무에 복귀했다. 관측을 마친 허블은 무척 기분이 좋았다고 한다. 역시 그는 뼛속까지 철저한 관측가였던 것이다.

내게 윌슨 산 천문대를 안내해준 니콜슨 씨는 '허블이 천문대장이 되었다면 좋지 못한 평가를 받아 실각했을 테니 차라리 잘 된 일'이라고 말했다.

마침 이때 휴메이슨도 물뱀자리 은하에서 초당 61,000킬로미터의 후퇴속도를 확인하는 데 성공했다.

걸지 못한 초상화

심장 발작을 겪은 후로 4년이 흐른 1953년 5월, 허블은 영국 왕립천문학회의 초청으로 런던을 방문했다. 허블은 진화론으로 유명한 다윈을 기념하는 강연회에서 '적색편이의 법칙'이라는 주제로 강연을 했다. 이 강연에서 그는 허블의 법칙 발견, 휴메이슨이 발견한 초당 61,000킬로미터의 속도로 후퇴하는 은하에 대해 이야기했다.

당시는 바데가 항성 종족을 발견함으로써 우주의 나이가 2배 가까이 늘어나 지구 나이와의 모순도 해결되었다.

허블은 5미터 망원경으로 적색편이가 0.25 즉, 우주의 약 4분의 1에 해당하는 천체를 관측할 수 있을 것이라고 선언했다. 그 이상을 관측하려면 더욱 강력한 망원경이 필요하다. 전쟁 중 탄도연구소에서 복무하며 막대한 규모의 군사 예산에 대해 알게 된 허블은 '전투기 한 대분의 예산을 천문학에 투입하면 더 큰 망원경을 만들 수 있다'고 말했다. 그 후, 허블은 그리니치 천문대를 방문해 엘리자베스 여왕과 에딘버러 공작을 만났다.

그레이스는 영국에 머무는 동안 옥스퍼드대학의 재킷을 걸친 허블의 초상화를 그리게 했다. 귀국 후, 그 초상화를 캘리포니아공과대학 강당에 걸고 싶다고 했지만 대학 측은 허블이 동 대학의 교수가 아닌 데다 허블의 초상화를 걸려면 그 전에 헤일의 초상화부터 걸어야 한다는 의견 때문에 실현되지 못했다. 그 일로 허블은 또 한 번

낙담했을 듯하다.

세상을 떠나다

1953년 9월 28일 아침, 여느 때처럼 산타바바라의 연구소로 출근한 허블은 점심을 먹기 위해 3킬로미터 거리의 집으로 걸어가고 있었다. 그레이스는 외출했다 돌아오는 길에 우연히 남편을 발견하고 차에 태웠다. 잡담을 늘어놓던 그레이스는 허블의 상태가 좋지 않은 것을 깨달았다. 집에 도착했을 때, 허블은 무슨 말인가를 하려다 이내 정신을 잃었다. 뇌졸중을 일으켜 갑작스럽게 세상을 떠나고 말았다. 64세 생일을 3주 앞둔 때였다.

천문대장직에서 밀려나고 자신이 제안한 관측계획도 포기할 수밖에 없었던 허블은 건강을 잃고 부쩍 약해진 듯하다. 그레이스에게 '마지막 가는 길은 조용히 떠나고 싶다'고 말했다고 한다.

그레이스는 허블의 죽음을 아무에게도 알리지 않았다. 장례도 치르지 않고 다음 날 그의 유언대로 화장했다. 땅에 묻히지 않고 굳이 화장을 선택한 허블의 심경은 과연 어떠했을까. 휴메이슨과 샌디지도 작별을 고하지 못했다. 그의 유해가 담긴 단지가 어디에 묻혔는지조차 알리지 않았다.

허블의 죽음은 『뉴욕 타임스』 등의 유명 일간지에 보도되었다. 후에 휴메이슨, 애덤스, 마이어 등은 다양한 출판물에 추도 기사를 기고했다. 애덤스는 허블의 경력과 업적을 자세히 거론하며 '그의 죽음은 천문학계에 크나큰 손실'이라고 말했다. 허블 때문에 여러모로 애를 먹었던 애덤스도 같은 천문학자로서 그의 업적을 높이 평가하고 경의를 표했다(사진 4-9).

허블이 세상을 떠난 후, 그레이스는 노벨상 선정위원인 엔리코 페르미와 찬드라세카르로부터 '허블을 물리학상 후보로 추천했었다'는 말을 듣게 된다. 하지만 노벨상은 살아 있는 사람에게만 수여된다. 허블은 너무나 중요한 시기에 안타깝게 세상을 떠나고 만 것이다.

20세기 최고의 천문학자

1954년 그레이스는 후대 연구자들을 위해 허블의 자료

사진 4-9 애덤스(왼쪽)와 허블(가운데). 윌슨 산 천문대 2.5미터 망원경 앞에서. 1931년 COPC 3168

를 정리해 헌팅턴 도서관에 기증했다. 한편, 그레이스는 기증 후 20년간 자료를 공개하지 않을 것, 공개 후에도 자료를 바탕으로 허블의 전기를 쓰는 작가는 남성 과학자일 것이라는 조건을 붙였다. 왜 하필 '남성'이라는 단서를 붙였는지는 지금도 알 길이 없다.

그 후, 그레이스는 조용히 혼자 지내며 연구자나 전기 작가와의 접촉을 모두 거절했다. 그레이스는 남편에 대해 좋지 않은 감정을 가진 사람들이 있다는 것을 알고 있었는지도 모른다. 오랜 동료들까지 멀리한 것은, 거대 망원경으로 마음껏 관측하고 싶었던 남편의 꿈이 이루어지지 못한 것에 대한 앙금이 남아 있었기 때문이 아니었을까.

1981년 허블이 세상을 떠난 지 28년 후 그레이스는 90세를 일기로 조용히 눈을 감았다. 그레이스의 유해는 남편과 같은 장소에 묻혔다고 한다.

결국 팔로마 산이나 윌슨 산 천문대 어디에도 허블의 기념비나 기념판은 세워지지 않았다. 그의 위대한 업적에도 불구하고 후배 중 누구 하나 나서지 않은 점도 당시 천문대에서의 허블의 처지를 가늠할 수 있게 했다. 1985년에는 허블의 이름을 널리 알린 2.5미터 망원경도 노후화로 인해 68년간의 관측을 마쳤다.

1971년 국제천문연맹은 달 표면에 있는 크레이터에 허블의 이름을 붙였다. 1955년에는 소행성 2069번과 2070번에 허블과 휴메이슨의 이름이 붙었다.

한편, 허블의 이름을 딴 가장 유명한 것은 바로 '허블 우주망원경'이다.

팔로마 산의 5미터 망원경이 완성되기 직전인 1946년 프린스턴대학의 이론천체물리학자 라이만 스피처는 '대기권 밖의 지구 궤도에 망원경을 쏘아 올릴 수 있다면 대기의 방해를 받지 않고 획기적인 관측이 가능하다'고 제안했다. 1969년 인류 최초로 달 착륙에 성공한 아폴로 11호를 쏘아올린 미 항공우주국은 1977년에 우주망원경 건설 예산의 의회 승인을 얻어 우주망원경 건설에 착수했다. 1984년 우주의 신기원을 열 이 망원경을 에드윈 허블의 이름을 따 '허블 우주망원경'이라고 부르기로 했다.

'20세기 최고의 천문학자'라는 수식어에 걸맞은 위대한 업적을 남겼지만 주위 사람들과 갈등도 많았던 허블. 공부 잘하고 잘생긴 데다 만능 스포츠맨으로 누구나 부러워할 만한 자질을 갖춘 그였지만 돌아보면 지나친 자의식과 굴절된 열등감을 안고 있었던 것 같기도 하다.

같은 천문학계에 종사하며 그에 못지않게 자의식이 강한 후배 연구자의 한 사람으로서, 업적은 그야말로 천지 차이지만 허블의 영광과 좌절의 인생 그리고 당시의 심정과 흥분을 공유할 수 있다.

허블의 빛과 그림자의 인생은 역시 나를 깊이 매료시킨다.

제5부
관측적 우주론의 전개

팽창 우주론과 정상 우주론

이제부터는 허블이 세상을 떠난 후, 우주론이 어떻게 전개해왔는지 돌아보기로 하자.

허블이 세상을 떠나기 전인 1946년 이론물리학자 조지 가모프는 '허블의 법칙으로 이끌어낸 팽창 법칙을 바탕으로 시간을 거슬러 올라가면, 우주는 한 점으로 모이게 되고 에너지 밀도는 무한대가 될 것이다'라고 지적했다.

이 같은 초고온·고밀도의 우주의 원자핵 반응을 떠올린 가모프는 '우주 탄생 직후에 헬륨 원자핵이 합성된다'라고 유추했다. 만약, 별 내부의 핵융합으로 모든 원소가 만들어졌다고 하면 나이가 다른 별에서도 거의 같은 비율의 헬륨이 존재하는 이유를 설명할 수 없다. 하지만 '우주 탄생 직후에 합성된 헬륨이 같은 비율로 별에 흡수되었기 때문'이라고 하면 설명이 가능하다.

이렇게 시작된 우주는 급격한 팽창으로 온도가 내려간다. 플라즈마 상태였던 양자와 전자가 결합해 중성 수소 원자가 되고 그때까지 하전 입자로 흩어져 있던 광자가 직진할 수 있게 된다. 거꾸로 말하면, 지금까지는 빛으로 과거 우주의 모습을 추측해볼 수 있었지만 그 이전의 플라즈마 상태였던 우주는 빛으로는 꿰뚫어 볼 수 없다는 것이다. 빛이 직진하게 된 이 시기를 '우주의 재결합 시기'라고 부른다.

오늘날 우주의 재결합 시기는 우주가 팽창하기 시작한 후 약 38만 년경으로, 당시 우주의 온도는 약 3,000도까지 내려갔을 것으로 본다. 1956년 가모프는 그의 논문에서 '현재 우주의 온도는 절대온도 5도에 가깝고 그 온도에 상응하는 흑체복사가 우주를 가득 채우고 있을 것'이라고 예측했다.

수많은 우주론 중에서도 가모프의 '팽창 우주 모델'은 우주의 역사에 대한 다양한 물리학적 예측을 낳았다는 의미에서 매우 중요한 연구라고 할 수 있다. 1964년 펜지어스와 윌슨이 마이크로파의 전파로 우주배경복사를 발견하면서 가모프의 우주론은 일약 주목받게 되었다. 최근 우주배경복사 관측위성의 측정에 따르면, 우주의 온도는 2.725도라고 한다.

하지만 당시 대부분의 사람들은 '우주는 영원불멸하다'고 생각했다. 1948년 영국의 천문학자 프레드 호일은 '우주가 팽창하더라도 늘 새로운 공간과 물질이 생겨나기 때문에 정상성을 유지한다'고 하는 '정상 우주론'을 제창했다. 그런 이유로 제3부에서도 언급했듯이 우주가 커다란 불덩어리에서 시작되었다고 하는 가모프의 우주론을 '빅뱅Big Bang(대폭발)' 우주라며 조롱했다.

그런데 가모프 자신도 '빅뱅'이라는 표현을 즐겨 사용하면서 그의 이론을 설명하는 용어로 정착했다고 한다. 우주가 거대한 폭발로 탄생했다고 하는 '빅뱅 우주론'은 현재 가장 유력한 우주 이론으로 받아들여지고 있다.

한 점에서 시작된 빅뱅 우주 초기에 '인플레이션'이라고 하는 엄청난 팽창의 단계를 거치며 어떤 위치, 어떤 방향에서 보더라도 동일한 상태가 되었다고 생각된다. 우주의 나이 137억 년 동안 광속으로 신호가 전달되는 범위가 '관측 가능한 우주'가 된다. 그 너머의 우주는 교신이 불가능하기 때문에 이 범위가 '관측 가능한 우주의 끝'이 되는 것이다.

1993년 천문학자 칼 세이건은 '빅뱅'이라는 말이 폭발을 연상시킨다고 하여 더 나은 명칭을 공모하기도 했지만 결국 누구도 '빅뱅'보다 나은 이름은 생각해내지 못했다.

우주 고고학

허블이 세상을 떠나기 2년 전인 1951년 휴메이슨은 6개 은하단의 속도 측정 결과를 발표했다. 그중에서도 후퇴속도가 가장 컸던 것은 제4부에서도 언급한 초당 61,000킬로미터로 멀어지고 있는 은하단이었다. 현대의 우주론에서는 약 25억 광년이나 떨어진 은하이다. 지구로부터 태양까지의 거리가 0.00001581광년이니 '25억 광년'이 얼마나 먼 거리인지 상상할 수 있을 것이다.

시간과 공간이 따로 없는 우주의 시공간을 직감적으로 이해하기란 쉽지 않다. 우주의 거리를 정의하는 방법도 여러 종류가 있기 때문에 더욱 까다롭다. 쉽게 말해 '100억 광년 떨어진 은하의 빛이 지구에 도착하기까지 100억 년이 걸린다'고 보면 된다. 즉 '더 먼 곳을 보는 것은 더 먼 과거를 보는' 것이다. 지질학자가 더 깊은 지층을 조사해 지구의 역사를 유추하듯 천문학자는 더 먼 은하를 보고 더 먼 과거의 우주를 유추해내는 것이다. 그렇기 때문에 천문학은 점점 더 큰 망원경을 만들며 '우주 고고학'을 발전시켜왔다.

허블의 시대의 천문학자들은 '5미터 망원경이 완성되면

더 먼 우주를 관측함으로써 그 구조와 역사를 밝혀낼 수 있을 것'이라는 기대를 품었다. 멀리 떨어진 과거의 우주와 가까이 있는 최근의 우주에서 관측되는 은하의 분포로부터 우주 팽창의 역사를 밝혀낼 수 있을 것이라고 생각했기 때문이다.

하지만 그리 간단한 일이 아니었다. 항성은 태어날 때의 무게로 그 운명이 정해진다. 무거운 별과 가벼운 별은 저마다 표면 온도가 다르기 때문에 밝기나 색이 다르고 핵융합 반응률도 크게 다르기 때문에 수명에도 큰 차이가 있다. 이처럼 진화하는 항성 집단으로서 은하의 모습은 시간의 흐름에 따라 변해왔을 것이다. 먼 곳의 은하는 은하의 젊을 때 모습이기 때문에 가까운 은하의 성숙한 모습과 비교하려면 은하의 성장 모습까지 이해하고 있어야 한다. 이를 '은하의 진화 효과'라고 한다.

한편, 또 한 가지 주의해야 할 것이 있다. 먼 은하를 가시광(눈에 보이는 빛)으로 관측할 경우, 본래 파장이 짧고 눈에 보이지 않는 자외선이 적색편이로 인해 가시광 영역으로 이동한 것을 보게 되는 것이다. 즉, 적색편이로 인해 본래와 다른 빛을 비교하게 되는 것이다. 이를 '적색편이 효과'

라고 한다.

은하의 모습으로 우주의 구조와 진화를 밝혀내려면 은하 자체의 '진화 효과'나 '적색편이 효과'까지 정확히 이해해야 한다.

허블은 이미 그러한 문제를 알고 있었기 때문에 5미터 망원경으로 장대한 관측계획을 세웠던 것이다. 다만, 오랜 시간이 걸리는 힘든 관측이었기 때문에 안타깝게도 허블의 제안은 받아들여지지 않았다.

적색편이 효과와 진화 효과의 이해

'적색편이 효과'를 이해하려면 은하가 자외선·가시광선·적외선에서 어떻게 보이는지를 먼저 알아야 한다. 자외선과 일부 적외선은 지구의 대기에서 흡수되기 때문에 지상의 망원경으로는 관측할 수 없다.

로켓이나 인공위성에 망원경을 실어 대기권 밖으로 나감으로써 자외선과 일부 적외선의 관측이 가능해진 것은 1980년대 이후의 일이다. 그리하여 현재는 나선은하와 타원은하가 방출하는 자외선부터 적외선까지의 빛을 분석해 적색편이 효과를 거의 보정할 수 있게 되었다.

한편 '진화 효과'는 은하 내에서 항성이 태어나는 과정을 통해 이해할 수 있다. 질량이 크고 무거운 별일수록 중심부가 뜨겁기 때문에 핵융합 반응이 급격하게 진행되며 매우 밝고 푸른빛을 내지만 금방 수명이 다한다. 한편, 태양보다 질량이 작은 별은 어렴풋한 붉은빛을 내며 핵융합 반응도 100억 년 이상 천천히 진행된다. 무거운 별은 굵고 짧고 밝고 화려하게 일생을 마감하는 데 비해 가벼운 별은 오랫동안 가늘고 길고 수수하게 빛난다.

즉, 은하 전체의 밝기와 색은 무거운 별과 가벼운 별이 어느 정도 비율로 태어나는지 또 별이 은하가 생겨날 때 폭발적으로 탄생했는지 아니면 일정한 시간에 걸쳐 태어났는지에 따라 달라진다.

말하자면, 항성이 어떻게 태어나는지를 알면 은하의 진화 효과를 추적할 수 있는 것이다. 실제 은하의 빛은 항성이 방출하는 빛 이외에도 전리된 성간가스가 방출하는 빛도 있다. 성간가스는 항성의 자외선을 흡수해 전리된 원자가 특정 스펙트럼 휘선을 방출하기 때문에 다소 복잡해지지만 은하가 방출하는 빛의 진화에 대해서는 1970년대 후반부터 활발한 연구가 이루어졌다.

또한 이 분야에서는 베아트리스 틴슬리(1941~1981년)를 비롯한 많은 여성 천문학자가 활약했다.

라이먼 알파 은하 예언

먼 과거의 원시은하를 관측하면 우주의 역사를 밝힐 수 있다. 과연, 어떻게 하면 먼 과거의 은하를 찾아낼 수 있을까? 이 문제에 명확한 지침을 준 것은 1967년 파트리지와 피블스의 논문이었다.

은하에 가장 많은 원자는 수소 원자이다. 수소 원자는 양자와 전자로 이루어지는데 양자역학의 법칙에 따르면, 전자는 양자 주변의 특정한 궤도를 따라 돈다. 가장 안쪽 궤도가 에너지 상태가 낮은 안정 궤도로 수소 원자의 온도가 내려가면 최후에는 전자가 이 궤도로 이동한다. 두 번째로 에너지 상태가 낮은 궤도에 있는 전자가 안정 궤도로 이동할 때 남은 에너지를 광자로 방출한다(그림 5-1).

이 광자를 '라이먼 알파 광자'라고 한다. 식어가는 수소 원자가 방출하는 최후의 빛으로 파장 121.6나노미터

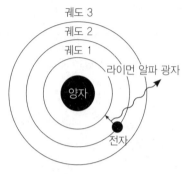

그림 5-1 전자는 가장 안정된 궤도 1을 향해 이동한다. 이때 방출되는 남은 에너지가 라이먼 알파 광자

(0.0001215밀리미터)의 라이먼 알파 광자는 수소 원자가 방출하는 가장 강한 빛이다. 파트리지와 피블스는 '이 라이먼 알파 광자의 휘선 스펙트럼으로 먼 은하를 찾으면 된다'고 제안했다.

이 논문에 자극을 받고 1970년대부터 1990년대까지 약 30년에 걸쳐 전 세계의 천문학자들이 당시 최첨단 망원경과 카메라를 사용해 다양한 탐색 관측을 시도했다. 나 역시 1986년 기소 관측소(도쿄대학)에서 일본에서 최초로 실용화된 냉각 CCD카메라를 이용한 관측에 도전하기도 하고 대서양 카나리아 제도에 있는 영국의 4미터 윌리엄 허셜

망원경으로 라이먼 알파 은하 관측을 시도하기도 했다.

하지만 30년간 전 세계 어느 누구도 라이먼 알파 은하를 발견하지 못했다. 당시 망원경의 감도와 좁은 탐색 시야로는 힘든 관측이었다. 그 후, 이 분야에서는 스바루 망원경이 완성되면서 일본 연구자들이 크게 활약하게 된다. 그에 대해서는 나중에 설명하기로 하자.

나선은하 전쟁, 그 후

은하의 나선 구조가 어떻게 생기는지는 내 학위논문의 주제이기도 했다. 원반형 은하는 중력적으로 불안정한 경우가 있는데, 안쪽으로 갈수록 빠르게 도는 불안정한 원반에서는 자연히 나선 모양이 나타난다는 것이 수학적으로 증명되었다. 실제 은하에 가까운 상태를 컴퓨터로 재현하자 그림 5-2와 같은 나선 구조가 생기는 것을 확인할 수 있었다. 주로 감기는 형태의 나선 구조가 생겼다.

잠시 제4부에서 이야기했던 성운의 나선 구조가 '감기는 형태'인지 '풀리는 형태'인지를 둘러싼 논쟁을 떠올려 보자. 허블은 '감기는 형태'라고 추정했지만 실은 그의 논

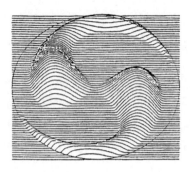

그림 5-2 미분 회전하는 은하 원반의 불안정 진동 상태(저자의 학위논문, 1978년)

문이 발표된 이후에도 정식으로 결론은 나지 않았다. 그것은 은하 원반의 어느 쪽이 우리와 가까운지를 판단할 확실한 방법이 없었기 때문이다. 우리은하와 가장 가까운 안드로메다은하조차 은하 원반의 북서쪽과 남동쪽 중 어느 쪽이 우리와 가까운 쪽인지 의견이 갈렸다.

　내가 주목한 것은, 안드로메다은하 주위에 있는 200여 개 구상성단의 색이었다. 자세히 분석하자 북서쪽에 있는 구상성단이 남동쪽에 있는 구상성단보다 확연하게 붉은 빛을 띠는 경우가 많은 것을 확인했다. 이것은 은하 원반 너머 그 안쪽으로 보이는 구상성단의 성간티끌(별과 별 사이에

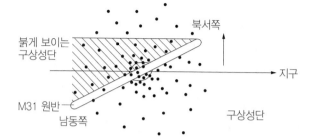

그림 5-3 은하 원반 너머에 있는 구상성단은 붉게 보인다

퍼져 있는 작은 티끌)이 빛을 흡수해 붉게 보이는 효과이다(그림 5-3). 말하자면, 저녁놀이 붉게 보이는 것과 같은 현상이다. 그리하여 1985년 M31은 북서쪽이 우리와 가까운 쪽이라고 확실히 결론을 지을 수 있었다.

이 결과는 1943년 허블의 추정이 옳았다는 것을 증명한다. 그리고 이 논문으로 '성운의 나선 구조는 감기는 형태이다'라는 것으로, 오랜 논쟁을 끝낼 수 있었다.

허블 우주망원경──기쁨에서 절망으로

1990년 4월 24일, 허블 우주망원경이 성공적으로 발사되었다. 허블 우주망원경은 길이 13.1미터, 무게 11톤, 주경의 직경은 2.4미터였다. 원통형 몸체에, 안에는 반사 망원경이 들어 있다. 지구 대기의 요동에 방해받지 않는 선명한 화질의 사진을 촬영하고 대기에 흡수되어 지상에 닿지 않는 일부 적외선과 자외선을 관측할 수 있다는 기대를 한 몸에 받고 있었다.

사실 허블 우주망원경의 발사는 예정보다 크게 늦어졌다. 1986년 우주왕복선 '챌린저호'가 발사 직후에 공중 분해되며 일곱 명의 우주비행사가 목숨을 잃었기 때문이다. 승무원들이 탑승한 구역은 분해 시 충격에는 견뎠을 것이기 때문에 바다에 떨어질 때까지는 살아 있었을 가능성이 있었다고 한다. 참담한 사고였다.

허블 우주망원경을 실은 우주왕복선 '디스커버리호'가 예정대로 고도 560킬로미터의 지구 주회궤도에 올랐을 때 관계자들은 모두 가슴을 쓸어내렸다. 다음 날에는 우주비행사가 로봇 팔을 조종해 허블 우주망원경을 격납고에서 꺼내 무사히 우주 공간에 투입했다. 각종 테스트를 마치고 그토록 고대하던 첫 촬영을 한 것은 발사로부터 약 한 달 후인 5월 20일이었다.

그런데 기쁨도 잠시, 도착한 화상을 본 케네디 우주센터 관계자들은 당혹감을 감추지 못했다. 아무리 망원경의 초점을 조절해도 화상이 흐릿하게 찍혔기 때문이다. 20년에 걸친 준비와 약 100억 달러에 이르는 예산을 들인 장대한 계획이었다. 관계자들은 크게 낙담했다. 매스컴에서도 허블 우주망원경의 실패를 거세게 비판하자 미 항공우주국은 곤경에 빠졌다.

특별주문 안경으로 대역전!

한탄해봤자 문제는 해결되지 않는다. 망원경의 초점이 맞지 않는 원인을 철저히 조사한 결과, 반년 만에 주경의 형태가 원래보다 조금 어그러져 있는 것을 확인했다. 0.0022밀리미터에 불과한 오차였지만 결과는 심각했다.

다행히 원인을 찾아냈기 때문에 이를 보정하는 렌즈를 만들었다. 말하자면, 시력을 되찾기 위한 '특별주문 안경'인 것이다. 3년 후인 1993년 12월 우주왕복선 '엔데버호'

에 오른 우주비행사가 궤도 위에서 허블 우주망원경을 회수해 이 '특별주문 안경'을 장착하는 데 성공했다. 마침 이 때 나도 신형 CCD카메라 개발 회의에 참석하기 위해 캘리포니아 주 패서디나 시에 있는 제트추진연구소를 방문했었다. 당시에는 회의를 잠시 중단하고 다 같이 연구소 본관 로비에 있는 대형 TV 앞에 모여 우주비행사들이 보정렌즈를 장착하는 모습을 마음을 졸이며 지켜보았다.

실은, 널리 알려지진 않았지만 허블 우주망원경의 초기 문제가 한 가지 더 있었다. 망원경이 흔들려 목표 천체를 제대로 잡아내지 못했던 것이다. 원인은 태양 전지판의 진동이었다. 95분에 한 번씩 지구를 도는 허블 우주망원경은 지구의 그림자를 지날 때마다 데워지기도 하고 식기도 한다. 이때 태양 전지판이 늘었다 줄었다 하면서 진동이 발생한다. 공기 저항이 없는 우주 공간에서는 진동이 쉽게 멎지 않는다. 미 항공우주국은 진동을 최소한으로 줄인 태양 전지판을 만들어 보정렌즈를 장착할 때 함께 교체했다.

수리를 마친 우주망원경에서 보내온 사진을 본 관계자들은 일제히 숨을 죽였다. 이제껏 본 적 없는 선명한 화상이 찍혀 있었던 것이다.

마침내 재기에 성공한 허블 우주망원경은 그 후에도 많은 발견을 하게 된다. 허블 우주망원경은 그동안 총 다섯 차례의 보수 작업을 통해 관측 장치를 새롭게 교체하고 결함을 수리하며 많은 성과를 거두었다(2016년 기준).

'허블 울트라 딥 필드'의 관측은 허블 우주망원경이 거둔 최대의 성과 중 하나라고 할 수 있다. 나와 같은 시기에 유럽 남방천문대 객원 연구원으로 머물기도 했던 우주망원경 과학연구소장 로버트 윌리엄스가 소장 재량의 관측시간을 집중 투입해 시작한 관측계획이었다. 2004년 800장의 화상을 겹쳐서 얻은 그 사진에는 100억 광년 이상 멀리 떨어진 은하가 1만 개 넘게 찍혀 있다.

한편, 지상에서는 관측할 수 없었던 처녀자리 은하단에 있는 세페이드형 변광성을 측정해 허블상수의 값을 정확히 구할 수 있었다.

또한 고시바 마사토시 선생의 노벨상 수상으로 유명해진 중성미자neutrino 발견의 계기가 된 초신성 1987A의 잔해가 흩어지는 모습도 허블 우주망원경이 포착한 것이었다. 허블 우주망원경은 아폴로 11호의 달 착륙과 나란히 미 항공우주국의 성공을 상징하는 업적으로 기록되고 있다.

만년에는 좌절도 많이 겪었지만 훗날 자신의 이름을 딴 망원경이 우주 공간에서 지구 궤도를 돌며 누구도 본 적 없던 먼 우주의 은하를 찍은 사진을 지구로 보내고 있다는 것을 허블이 알았다면 더없이 놀라고 기뻐했을 것이다.

라이먼 알파 은하의 발견

허블 우주망원경이 발사된 후에도 지상에서는 8미터급 대형 망원경이 잇따라 건설되었다. 그중에서도 우주론 관측에 큰 활약을 한 것이, 하와이에 있는 8.2미터 '스바루 망원경'이다(사진 5-4).

1984년 유럽 유학을 마치고 돌아온 나는 고다이라 게이이치小平桂一 도쿄대학 조교수(후에 일본 국립 천문대장)의 지시로 연구모임을 만들고 스바루 망원경 계획을 구상했다. 1991년부터 건설이 시작되어 1999년에 완성되었다. 그 후, 일본의 은하 연구팀이 뜻을 모아 독자적인 관측계획을 논의했다. 논의 끝에 가시카와 노부나리柏川伸成(현 국립 천문대 준교수)의 지휘로 우주의 넓은 범위를 멀리까지 관측하는 계획

사진 5-4 하와이 마우나케아 산 정상에 있는 스바루 망원경(일본 국립 천문대 하와이 관측소). 퍼스트 라이트는 1999년, 대형 광학 적외선 망원경으로 주경의 지름은 8.2미터

을 실행하기로 했다.

밝은 별이 없는 구역을 신중히 고르고 장시간의 노출로 우주의 먼 곳까지 촬영했다. 푸른색부터 붉은색 필터, 거기에 적외선용 필터 등 다수의 필터를 사용해 촬영함으로써 먼 은하의 색을 면밀히 조사할 수 있었다. 은하의 모습과 색이 적색편이에 따라 어떻게 변하는지를 예측할 수 있기 때문에 촬영한 은하의 거리를 추정하는 것도 가능하다.

사실, 이것은 허블이 5미터 망원경으로 세웠던 관측계

획의 현대판이었다. 2002년부터 시작된 '스바루 먼 우주 탐사계획'이라고 이름 붙인 조직적인 관측에서는, 라이먼 알파 은하를 찾기 위해 특제 필터를 사용해 사진을 찍었다. 3년 후, 그 관측 자료를 분석해 적색편이가 4.8(124.1억 년 전), 5.7(126.5억 년 전), 6.6(128.2억 년) 시대의 라이먼 알파 은하의 모습을 자세히 볼 수 있었다.

나는 더 먼 은하를 관측하기 위한 전용 필터를 독자적으로 개발하기로 했다. 외국 업체에서는 '기술적으로 힘들다'고 거절당했지만 일본의 광학업체가 2년간의 테스트를 거쳐 완성해내면서 2004년과 2005년 스바루 먼 우주 탐사 영역을 반복해 촬영했다.

이 사진의 분석은 도쿄대 대학원생이었던 오타 가즈아 키太田—陽(현 케임브리지대학 연구원)의 학위논문의 주제가 되었다. 가시카와 씨와 내가 분석 결과를 검증해 마침내 2006년에는 적색편이 6.964, 거리로는 128.8억 광년 먼 은하를 관측하는 데 성공했다.

전 세계 연구자들이 30년간 찾아 헤맸던 라이먼 알파 은하를 관측한 것이다.

세계 기록 경쟁

　인류가 관측한 가장 먼 은하인 이 천체에 관한 논문을 영국의 학술잡지 『네이처』에 발표한 우리는 세 사람의 머리글자를 따 'IOK-1'이라는 이름을 붙였다(표 5-5). 물론, 공명심도 있었지만 IOK-2나 IOK-3을 잇따라 발견해 매년 세계기록을 갱신할 수 있을 것이라고 생각했기 때문이다.

　하지만 IOK-2는 좀처럼 발견되지 않고 IOK-1은 그 후

순위	천체명	적색편이	거리 (억 광년)	논문	공표일
1	IOK-1	6.964	128.826	이에 외	2006.9.14
2	SDF ID1004	6.597	128.250	다니구치 외	2005.2.25
3	SDF ID1018	6.596	128.248	가시카와 외	2006.4.5
4	SDF ID1030	6.589	128.238	가시카와 외	2006.4.5
5	SDF ID1007	6.580	128.222	다니구치 외	2005.2.25
6	SDF ID1008	6.578	128.219	다니구치 외	2005.2.25
7	SDF ID1001	6.578	128.219	고다이라 외	2003.4.25
8	HCM-6A	6.560	128.189	Hu 외	2002.4.1
9	SDF ID1059	6.557	128.184	가시카와 외	2006.4.5
10	SDF ID1003	6.554	128.178	다니구치 외	2005.2.25

표 5-5 먼 은하 상위 10(2006년 9월 14일 시점). 이 책에서 은하의 거리는 우주 나이를 137억 년으로 측정한 수치로 통일. 8위 이외에는 모두 스바루 망원경의 발견. IOK-1은 2011년까지 세계 1위였다.

로 5년 동안 세계 기록으로 남아 있다. 2009년경에는 상위 20위까지 전부 스바루 망원경이 관측한 천체였던 적도 있었다. 그 후에도 미국, 유럽, 일본 관측팀들의 세계 기록 경쟁이 벌어지며 2016년 7월 시점에는 적색편이 8.68, 거리 130.8억 광년의 라이먼 알파 은하와 그보다 더 멀리 있는 것으로 보이는 은하가 발견되었다.

우주의 여명기

  가장 먼 은하를 발견하기 위한 관측 경쟁은 긴장감이 넘치고 흥분되는 일이었다. 하지만 학술적으로 더 중요한 것은 '129억 년 전 시대를 경계로, 그보다 더 먼 과거의 라이먼 알파 은하가 갑자기 보이지 않게 되었다'는 사실을 발견한 일이었다.

  스바루 망원경 관측에서는 빅뱅으로부터 10.1억 년, 8.4억 년 시대에는 수십 개의 라이먼 알파 은하를 볼 수 있었는데 7.8억 년 시대로 거슬러 올라가자 갑자기 라이먼 알파 은하가 보이지 않게 된 것이다. 이것은 137억 년이라는 우주 역사에서 약 129억 년 전 무렵에 우주에 무언가 특별한 일이 일어났다는 것을 말해준다.

그것은 다음과 같은 시나리오를 이야기해준다. 빅뱅으로부터 약 38만 년 후 '우주의 재결합 시기'가 오고 양자와 전자가 결합해 우주 공간의 물질은 전기적으로 중성인 수소 원자가 대부분을 차지한다. 우주가 팽창할수록 온도는 점점 내려가고 빅뱅 이후 약 3천만 년이 지나면 우주는 드라이아이스처럼 차갑게 식는다. 재결합의 시기를 지나 최초의 별이 탄생하기까지 우주는 빛이 없는 '암흑의 시대'였다.

빅뱅 이후 38만 년이 지난 우주의 모습을 보여주는 마이크로파 우주배경복사의 온도 분포에서 10만 분의 1가량의 지극히 미세한 요동이 확인되었는데, 이 요동이 점점 커진다. 우주 공간을 채우고 있는 것은 수소 원자와 같은 보통 물질과 정체불명의 암흑물질이다. 현재는 이 암흑물질이 보통 물질보다 5배가량 많은 것으로 알려졌다.

이들 물질의 밀도 요동도 점점 커진다. 이윽고 암흑물질의 밀도가 높은 곳에 물질이 모여들고 최초의 별들이 탄생한다. 이처럼 빅뱅 이후 2~3억 년 후에는 우주 곳곳에서 원시적 은하가 탄생했을 것이다.

원시은하에는 태양보다 훨씬 무거운 별부터 가벼운 별까지 다양한 별들이 일제히 태어났다. 질량이 큰 별은 온도도 높고, 강한 자외선을 방출한다. 원시은하가 탄생하면, 이들 은하에서 내뿜는 자외선으로 차갑게 식은 우주가 데워지고 또 다시 수소 원자가 전리한다. 실제, 은하 간 공간의 물질은 거의 전리되어 있는 것으로 알려졌다.

은하 간 공간의 수소 원자가 전리되면, 중성 수소 원자로 라이먼 알파 광자가 산란될 일이 없기 때문에 우주는 투명해질 것이다. 이 현상을 우주의 재전리 혹은 '우주의 여명기'라고 부른다.

빅뱅 직후 우주가 식으면서 중성화되는 현상을 나타내는 '우주의 재결합 시기'와 헷갈리기 쉽지만 '우주의 여명기'는 우주가 다시 데워지면서 재전리되는 현상이다.

스바루 망원경으로 우주를 약 129억 년 전까지 거슬러 올라갔을 때, 라이먼 알파 은하가 갑자기 보이지 않게 된 것은 이 '우주의 여명기'가 끝났기 때문이라고 생각된다. 우주배경복사의 분석으로도 우주의 재전리가 일어난 것은 132억 년부터 129억 년 전 즈음일 것이라는 결과가 나왔다.

한편, 재전리가 단기간에 일어났는지 아니면 장기에 걸쳐 일어났는지 혹은 우주 전체에서 동시 다발적으로 일어났는지 아니면 장소에 따라 조금씩 차이가 있었는지에 대한 의문은 앞으로 풀어나가야 할 과제로 남았다.

우주 초기의 은하 연구에는 2014년 오우치 마사미大內正己 도쿄대학 준교수의 관측팀이 129.3억 광년 거리에 있는 일곱 개의 라이먼 알파 은하 집단을 발견했으며, 2016년 이노우에 아키오井上昭雄 오사카산업대학 준교수가 칠레의 전파간섭계 알마ALMA로 스바루 망원경으로 발견한 라이먼 알파 은하에 산소 가스가 존재한 증거를 확인하는 등 일본 연구자들의 활약이 이어졌다.

최초는 허블인가? 르메트르인가?

제3부에서 기술했던 르메트르의 연구에 관한 '과학사상의 논쟁'에 대해 소개하기로 하자.

일반상대성이론을 우주에 적용한 방정식으로 팽창 우주의 해를 구한 것은 1922년 러시아의 물리학자 알렉산드르 프리드만의 논문과 1927년 벨기에의 신부였던 조르주 르메트르가 발표한 논문이라는 것은 과학 역사상 유명한 사실이다. 다만, 당시에는 아인슈타인의 정상해와 드지터의 팽창 우주의 해에 비해 이러한 업적이 크게 알려지지 않았다.

2011년 6월, 캐나다의 시드니 반덴버그는 1927년 르메트르가 브뤼셀 과학회지에 프랑스어로 발표한 논문과 1931년 영국 왕립천문학회에 게재된 영어판을 비교해 보고 이상한 점을 발견했다. 프랑스어판에 있던 본문의 일부가 영어판에서는 삭제되어 있었던 것이다. 게다가 그 부분은 허블상수를 구하는 방법을 기술한 중요한 부분이었다. 참고로, 시드니 선생은 내가 처음 외국에 장기 체류하며 연구할 때 함께 일한 연구자였다.

그의 지적으로, 반년 가까이 우주론 연구자들 사이에서는 온갖 억측이 떠돌며 크게 화제가 되었다. 그중 한 가지는 허블이 우주 팽창을 발견한 공적을 독차지하기 위해 르메트르에게 압력을 넣어 삭제하게 했다는 설이다. 허블이 은하 분류의 독자성을 놓고 룬드마크와 격한 설전을 벌였던 일이나 선행연구를 충분히 인용하지 않은 경향이 있었던 점 그리고 윌슨 산 천문대 시절 허블의 행태를 알고 있는 일부 천문학자들에게는 상당히 흥미로운 의혹이었다. 또 하나는 영국 왕립천문학회의 편집부가 압력을 넣어 번역자가 이 부분을 삭제한 것이 아니냐는 설이었다.

2011년 11월, 이스라엘의 천문학자 마리오 리비오는 당시 왕립천문학회의 편집장이었던 스마트와 르메트르의 편지를 찾아내 그 경위를 『네이처』지에 발표했다. 논문을 영어로 옮긴 것은 르메트르 본인이었으며 문제 부분을 삭제한 것도 본인의 요청이 있었다는 것이다. 논란은 그렇게 마무리되었지만, 르메트르가 왜 그렇게 중요한 부분을 삭제한 것인지 그 이유는 여전히 풀리지 않는 의문으로 남아 있다.

앞으로의 관측적 우주론

스바루 망원경과 제1세대 8대의 관측 장치가 안정적으로 구동을 시작한 2002년 무렵부터 나는 다음 망원경 계획을 구상하기 시작했다. 스바루 망원경이 막 구동을 시작한 시점에 너무 성급한 것 아니냐는 말도 들었지만 스바루 망원경을 처음 구상할 때부터 완성까지 18년이나 걸린 것을 생각하면 다음 망원경 계획을 생각해도 결코 이르지 않다는 생각이었다. 잇따라 대형 망원경 계획에 착수했던 헤일의 심정을 잘 알 것 같았다.

약 400억 엔을 들여 건설한 8.2미터 스바루 망원경을 단순히 30미터급으로 크게 만든다고 하면 건설비는 어림잡아 1조 엔이 넘는다. 차기 망원경 건설에는 국제적인 협력이 필요했다. 그리하여 캘리포니아대학과 캘리포니아공과대학 그리고 캐나다가 추진하던 30미터 망원경 'TMTThirty Meter Telescope' 계획팀과 협의해 스바루 망원경이 있는 하와이 마우나케아 산 정상에 망원경을 건설하기로 했다.

그 후, 중국과 인도도 참가해 2014년 TMT 국제천문대를 설립하고 망원경 건설을 시작했다. TMT의 완성 시기는 2020년대 후반이 될 예정이다.

한편, 1998년에는 백색왜성의 핵폭발로 알려진 Ia형 초신성의 광도로 먼 은하의 거리와 후퇴속도를 측정한 결과 '우주의 팽창은 우주 자체의 중력으로 인해 감속하는 중이다'라는 이제까지의 상식과 달리 우주는 약 70억 년 전부터 가속 팽창을 하고 있다는 것이 밝혀졌다. 우주의 가속 팽창을 설명하는 미지의 에너지는 '암흑에너지'라고 불리지만 아직 아무도 그 정체를 설명하지 못했다.

그 후, 마이크로파 우주배경복사의 분석으로도 같은 결과가 나왔지만 모두 몇 가지 가정과 모델을 통한 분석이다.

우주는 매년 137억 분의 1만큼 커지고 있기 때문에 적색편이도 137억 분의 1씩 커진다. TMT로 다양한 시대의 적색편이를 면밀하게 측정하고 수년 후 재측정해 그 변화를 분석하면 우주 팽창의 역사를 직접 검증할 수 있을 것이다.

TMT는 우주 최초의 별이 태어난 시대까지 관측하게 될 것이다. 또 태양계 이외의 행성이 다수 발견되고 있는 만큼 TMT시대에는 지구형 행성을 발견해 그 대기 중에서 산소나 메탄가스 등 생명 활동의 정황증거를 확인할 수 있을지 모른다.

허블의 시대와 달리 우주의 관측은 가시광뿐 아니라 감마선, X선, 자외선, 적외선, 전파까지 전자파의 모든 영역에서 관측이 가능하고 우주선宇宙線이나 중성미자 더 나아가 중력파의 관측 등 전자기파 이외의 신호를 검출하는 관측 기술도 보급되었다. 관측 수단이 늘어남으로써 우주의 다양한 관측 등 수 있게 된 것이다. 관측 천문학은 소립자 물리학이나 우주론의 이론 연구와도 관련이 깊다. 나의 40년 남짓한 연구 생활 동안에도 우주에 대한 이해는 놀라운 속도로 진화해왔다.

허블의 발견이 당시 사람들에게 놀라움을 안겨주었듯이 앞으로 우주의 관측적 연구는 우리에게 새로운 놀라움을 가져다줄 것이다.

후기

  허블은 1924년부터 1929년까지의 불과 5년 동안 나선 성운이 우리가 사는 은하계 밖에 있는 거대한 항성계라는 사실을 증명하고 우주가 이러한 은하들로 이루어졌으며 전체가 팽창하고 있다는 개념을 확립했다. 코페르니쿠스, 갈릴레오 이후 우주에 대한 인류의 인식을 이 정도로 단기간에 바꿔놓은 천문학자는 없었다.

  캘리포니아의 천문학자 조 웜플러 박사와 윌리스 사전트 박사로부터 허블의 다소 굴절된 일화를 들었던 나는 전부터 20세기 최고의 천문학자의 전기가 일본에서 출판되지 않은 점을 안타깝게 생각하고 있었다.

  1995년 스모 팬이라는 사전트 박사를 아즈마제키東関 도장의 오전 수련에 데려간 일이 있었다. 그 일에 대한 답례로 사전트 박사는 내게 미국에서 막 출간된 전기 작가 게일 크리스티안슨의 허블 전기를 선물했다. 20세기 최고의 천문학자의 인생에는 의외의 일화가 가득했다. 같은 직업에 종사하는 나로서는 크게 공감할 만한 부분도 많았다. 그 후, 나는 허블의 전기를 쓰기로 결심했다.

이와나미서점의 사루야마 나오미猿山直美 씨에게는 1990년대 말부터 매년 '조만간 시작하겠다'고만 하며 차일피일 미루었다. 그동안 3개월 간격으로 패서디나에서 열리는 30미터 망원경 TMT계획 협의회에 참석했기 때문에 2003년부터는 허블의 자료가 있는 헌팅턴 도서관의 등록연구자로서 주말마다 그의 편지와 관측일지 그리고 그레이스가 쓴 3권의 여행일기와 편지 등의 자료를 열람했다. 귀중한 자료는 장갑을 끼고 살펴보거나 오래된 책의 경우에는 장정이 상하지 않도록 거치대에 올려놓고 읽었다. 이러한 작업은 천문학계의 '전설적인 인물'로 남은 허블의 숨결을 느낄 수 있는 귀중한 체험이었다.

이 책은 그렇게 얻은 자료와 참고도서로 인용한 전기 및 허블이 출판한 96편의 논문 그리고 카네기 천문대의 스티브 셰흐트만 박사, 윌슨 산 천문대의 전 기술자 도널드 니콜슨, 마찬가지로 기술자로 일했던 크리스토퍼 퍼셀, 슬라이퍼의 손자 앨런 멜빈 슬라이퍼, 우주망원경 과학연구소 전 소장 로버트 윌리엄 씨의 인터뷰를 바탕으로 마침내 완성할 수 있었다.

20년 가까이 늦장을 부렸음에도 편집부의 시오타 하루카塩田春香 씨 덕분에 무사히 출간할 수 있었다. 내용 구성과 독자의 입장에서 난해한 부분을 개선하는 데 큰 도움을 받았다. 책 내용 중에도 등장하는 오우치 마사미 씨에게는 원고에 대한 유익한 의견을 들을 수 있었다. 헌팅턴 도서관 사서인 알스트롬, 댄 레비스 씨 또 학예원 분들에게도 깊은 감사를 드린다.

이 책을 읽어주신 독자 여러분이 천문학자 허블과 그의 우주 연구에 흥미를 느끼고 우주의 비밀을 해명하는 일에 뜻을 품게 된다면——20년이나 걸린 집필의 최고의 성과일 것이다.

2016년 7월

이에 마사노리

역자 후기

이 책은 20세기 위대한 천문학자로 손꼽히는 에드윈 허블의 어린 시절부터 그의 이름을 딴 우주망원경이 발사되기까지 그의 일생과 천문학 발전의 역사를 다룬 전기이다. 저자는 일본 국립천문대의 스바루 망원경 계획을 구상하고 세계적인 관측 경쟁에서 뛰어난 성과를 거두기도 한 '남성' 천문학자(허블의 아내 그레이스는 허블의 사후 관련 자료를 기증하면서 그의 전기는 남성 천문학자가 써야 한다는 수수께끼 같은 조건을 붙였다)이다. 미국에서 출간된 허블의 전기를 읽고 그의 전기를 쓰겠다고 마음먹은 후 20년 가까이 허블의 발자취를 더듬어 완성해냈다. 허블의 업적과 인간적인 면모를 엿볼 수 있는 전기로서의 역할도 충실할 뿐 아니라 일반 독자들이 이해하기 쉽게 풀어낸 천문학 입문서로서도 충분히 가치가 있다. 아인슈타인 등 동시대에 활동했던 과학자들과의 일화도 흥미롭다.

1990년에 발사된 허블 우주망원경의 은퇴가 미뤄졌다

는 소식이다. 허블 우주망원경은 당초 예상 수명인 15년을 훌쩍 뛰어넘은 지금까지 27년 동안 150만 장 이상의 사진을 보내오며 우주의 신비를 밝히는 데 크게 공헌하고 있다. 허블 우주망원경은 보다 정확한 우주의 나이를 계산해내고 우주의 가속 팽창을 밝혀냈을 뿐 아니라 은하 중심부의 초질량 블랙홀이 있다는 사실을 알아내는 등 허블의 위대한 업적을 뒷받침하는 수많은 성과를 거두었다. 허블 울트라 딥 필드의 환상적인 사진을 보고 있노라면 몇날며칠 망원경 앞에서 추위와 졸음을 참으며 수백 장이 넘는 은하의 사진을 촬영하던 허블의 모습을 상상하게 된다. 이 책을 통해 인류의 우주관을 송두리째 바꿔놓은 위대한 천문학자의 뜨거운 열정을 느껴보는 시간이 되었으면 좋겠다.

2017년 10월
옮긴이 김효진

사진 출전(출전별)

· 캘리포니아공과대학 기록 보존소 : 사진 2-1(참조 코드 Cal Tech Archive 10.13-4), 사진 3-8(위, 아래) (1.6-16, 10.13-12), 사진 4-2(10.17.2-2). 이하 동일

· 카네기 천문대 사진집 : 사진 2-2(참조 코드 COPC 2911), 사진 3-4, 사진 3-7, 사진 3-8(가운데), 사진 4-9. 이하 동일

· 참고도서 8 : 사진 2-7, 사진 2-8

· Lena James Jump, 참고도서 3에서 옮겨 실음, 사진 1-2, 사진 1-3

· 시카고대학 도서관 : 사진 1-4, 참조 코드 apf6-00393

· 여키스 천문대 영상 도서관 홈페이지 : 사진 1-5

· AIP Emilio Serge Visual Archive : 사진 2-3

· 리크 천문대 기록 보존소 : 사진 2-4

· Astrophysical Journal(ApJ.) : 사진 2-9(64권, 321쪽), 사진 2-10(69권, 103쪽), 사진 2-11(57권, 264쪽), 사진 3-6(83권, 10쪽), 사진 4-5(100권, 137쪽)

· Publication of Astronomical Society of Japan(PASJ) : 그림 5-2(30권, 343쪽)

· Astronomy and Astrophysics(A&Ap) : 그림 5-3(144권, 471쪽)

· PNAS(Proceedings of National Academy of Sciences) : 사진 3-5(15권, 168쪽)

사진 4-7 『허블 은하도감』

사진 5-4 국립 천문대

참고문헌

1. "Edwin Hubble : The Discoverer of The Big Bang Universe", Alexander Sharov and Igor Novikov

2. "Evolution of the Universe of Galaxies", Edwin Hubble Centennial Symposium ed. R. G. Kron, ASP Conference Series Vol. 10, pages 2-14. (1990)

3. "Edwin Hubble : Mariner of the Nebulae", Gale E. Christianson, Farrar, Straus and Giroux(1995)

4. "Edwin Hubble : Discoverer of Galaxies", Claire Datnow, Enslow Publisher Inc. (2006)

5. "The Day We Found the Universe", Marcia Bartusiak, Pantheon(2009)

6. "Discovering the Expanding Universe", Harry Nussbaumer and Lydia Bieri, Cambridge University Press(2009)

7. "The Space Telescope : A Study of NASA, Science, Technology, and Politics", Robert W. Smith, Cambridge University Press(1993)

8. "The Realm of the Nebulae", Edwin Hubble, Yale University Press(1936)

9. "Centennial History of the Carnegie Institution of Washington Vol. I", Allan Sandage, Cambridge University Press(2008)

10. "Man Discovers the Galaxies", Richard Berendzen, Richard Hart, Daniel Seeley, Columbia University Press(1984)

허블 관련 연보

연도	나이	사건
1889		11월 20일, 미주리 주 마시필드에서 셋째 아들로 태어났다
1897	8	할아버지에게 자작 망원경을 선물 받는다
1899	10	개기월식 관찰
1901	11	휘튼으로 이사해 14세 학급으로 편입
1906	16	휘튼고교 졸업, 시카고대학 입학
1908	18	**리비트가 세페이드형 변광성의 주기광도 관계를 발견**
1909	20	가족이 켄터키 주 셸비빌로 이사
1910	21	시카고대학 졸업, 옥스퍼드대학 유학(1913년까지)
1912	22	**슬라이퍼가 안드로메다성운의 속도 측정**
1913	23	아버지의 죽음, 뉴올버니고교 스페인어 교사가 된다
1914	24	미국 천문학회에 참가해 슬라이퍼의 강연을 듣는다. 시카고대학 대학원생, 여키스 천문대 조수가 된다 **아인슈타인이 일반상대성이론을 발표**
1916	26	헤일에게 윌슨 산 천문대 근무를 제안 받는다
1917	27	시카고대학에서 학위 취득, 최초의 논문 출판, 윌슨 산 2.5미터 망원경 완성, 제1차 세계대전에 소령으로 종군 (1919년까지)
1919	29	윌슨 산 천문대에서 연구 개시 **에딩턴이 일식관측으로 상대성이론 검증**
1920	30	**섀플리와 커티스의 대논쟁**, 그레이스와의 만남
1921	31	그레이스의 남편 사고사

1922	32	은하계 내의 성운 연구 논문, 은하의 분류체계 연구 (1926년까지)
1923	33	슬라이퍼 부회장에게 은하의 분류체계 제안, 안드로메다 은하에서 세페이드형 변광성 발견
1924	34	섀플리에게 세페이드형 변광성 발견을 알리는 편지, 그레이스와 결혼, 『뉴욕 타임스』에 허블의 기사 게재
1925	35	러셀이 천문학회에서 허블의 논문을 대독, 미국 과학진흥협회가 허블에게 상을 수여, 『포퓰러 사이언스』지 4월호에서 허블의 연구 소개
1926	36	우드스톡 거리에 새로운 자택 완성, 룬드마크에게 항의의 편지를 보냄, 안드로메다은하 연구(1929년까지)
1927	37	미국 국립과학아카데미 회원으로 선출
1928	38	영국 방문, 영국 왕립천문학회 회원으로 선출
1929	39	허블의 법칙 논문 발표
1930	**40**	**아인슈타인이 패서디나에서 두 달간 체류**
1931	41	휴메이슨과 가장 먼 은하 관측(1934년까지)
1934	44	은하의 분포 연구, 미국 동해안 · 영국 · 유럽 방문, 어머니의 죽음, 옥스퍼드대학에서 명예박사 수여
1935	45	예일대학에서 실리만 강연, 콜롬비아대학에서 버나드 메달 수상
1936	46	패서디나 역에서 직경 5미터의 거울 검수, 『은하의 세계』 출판, 미국 동해안 · 영국 순방
1937	47	태평양 천문학회가 혜성 1937g 발견에 금상을 수여
1938	48	태평양 천문학회 브루스 금메달 수상, 프랭클린 메달 수상
1940	50	영국 왕립 천문학회에서 금메달 수여
1941	51	히틀러의 위협에 맞서 영국을 지켜야 한다고 강연
1942	52	에버딘 탄도연구소장(1945년까지)

1946	56	제2차 세계대전에 공헌한 탄도학 연구로 명예 메달 수상
1947	57	5미터 망원경 퍼스트 라이트
1948	58	5미터 망원경 준공식, 『타임』지 표지에 등장
1949	59	5미터 망원경으로 최초의 사진 관측, 콜로라도 주에서 심장발작
1950	60	관측 복귀
1953	63	런던에서 다윈 강연, 은하의 변광성에 관한 논문 발표, 9월 28일 뇌졸중으로 서거. 향년 63세
1954		그레이스가 모든 자료를 헌팅턴 도서관에 기증
1961		샌디지가 『허블 은하도감』을 간행
1964		펜지어스와 윌슨이 마이크로파 우주배경복사를 발견
1967		파트리지와 피블스가 라이먼 알파 은하 탐사를 시사
1981		그레이스 90세에 서거
1988		헌팅턴 도서관의 허블 자료 공개
1990		허블 우주망원경 발사
1993		허블 우주망원경 보수
1998		Ia형 초신성 관측으로 우주의 가속팽창 발견
1999		하와이 마우나케아 산 정상에 일본의 스바루 망원경 완성
2006		스바루 관측팀이 라이먼 알파 은하로 우주의 여명기를 해명
2014		차세대 30미터 망원경 TMT 건설을 위한 TMT 국제 천문대 설립

허블
—우주의 심연을 관측하다—

초판 1쇄 인쇄 2017년 11월 10일
초판 1쇄 발행 2017년 11월 15일

저자 : 이에 마사노리
번역 : 김효진

펴낸이 : 이동섭
편집 : 이민규, 오세찬, 서찬웅
디자인 : 조세연, 백승주
영업 · 마케팅 : 송정환, 최상영
e-BOOK : 홍인표, 김영빈, 유재학
관리 : 이윤미

㈜에이케이커뮤니케이션즈
등록 1996년 7월 9일(제302-1996-00026호)
주소 : 04002 서울 마포구 동교로 17안길 28, 2층
TEL : 02-702-7963~5   FAX : 02-702-7988
http://www.amusementkorea.co.kr

ISBN 979-11-274-1107-7 04990
ISBN 979-11-7024-600-8 04080

HABBURU UCHU O HIROGETA OTOKO
by Masanori Iye
Copyright ⓒ 2016 Masanori Iye
First published 2016 by Iwanami Shoten, Publishers, Tokyo.
This Korean edition published 2017
by AK Communications, Inc., Seoul
by arrangement with the Proprietor c/o Iwanami Shoten, Publishers, Tokyo.

이 도서의 국립중앙도서관 출판예정도서목록(CIP)은 서지정보유통지원시스템 홈
페이지(http://seoji.nl.go.kr)와 국가자료공동목록시스템(http://www.nl.go.kr/
kolisnet)에서 이용하실 수 있습니다. (CIP제어번호: CIP2017027102)

*잘못된 책은 구입한 곳에서 무료로 바꿔드립니다.